"十三五"国家重点图书出版规划项目

新版《列国志》与《国际组织志》联合编辑委员会

主　　任　　谢伏瞻
副 主 任　　李培林　　蔡　昉
秘 书 长　　马　援　　谢寿光
委　　员　（按姓氏音序排列）

陈东晓	陈　甦	陈志敏	陈众议	冯仲平	郝　平	黄　平
贾烈英	姜　锋	李安山	李晨阳	李东燕	李国强	李剑鸣
李绍先	李向阳	李永全	刘北成	刘德斌	刘新成	罗　林
彭　龙	钱乘旦	秦亚青	饶戈平	孙壮志	汪朝光	王　镭
王灵桂	王延中	王　正	吴白乙	邢广程	杨伯江	杨　光
于洪君	袁东振	张倩红	张宇燕	张蕴岭	赵忠秀	郑秉文
郑春荣	周　弘	庄国土	卓新平	邹治波		

列国志 新版

GUIDE TO THE WORLD NATIONS

戴永红 张 婷 赵思睿 编著

TIMOR-LESTE

东帝汶

社会科学文献出版社
SOCIAL SCIENCES ACADEMIC PRESS (CHINA)

东帝汶

东帝汶国旗

东帝汶国徽

葡萄牙人海滩

基督像海滩

小茅屋

独立日庆典上的部落长老

头戴鸟羽帽的男子

身着节日盛装的女子

传统纺织工艺品"泰斯"(Tais)

手工编织品店

独立日阅兵

东帝汶国立大学

出版说明

《列国志》编撰出版工作自1999年正式启动，截至目前，已出版144卷，涵盖世界五大洲163个国家和国际组织，成为中国出版史上第一套百科全书式的大型国际知识参考书。该套丛书自出版以来，受到社会各界的广泛好评，被誉为"21世纪的《海国图志》"，中国人了解外部世界的全景式"窗口"。

这项凝聚着近千学人、出版人心血与期盼的工程，前后历时十多年，作为此项工作的组织实施者，我们为这煌煌144卷《列国志》的出版深感欣慰。与此同时，我们也深刻认识到当今国际形势风云变幻，国家发展日新月异，人们了解世界各国最新动态的需要也更为迫切。鉴于此，为使《列国志》丛书能够不断补充最新资料，更好地服务于社会各界，我们决定启动新版《列国志》编撰出版工作。

与已出版的144卷《列国志》相比，新版《列国志》无论是形式还是内容都有新的调整。国际组织卷次将单独作为一个系列编撰出版，原来合并出版的国家将独立成书，而之前尚未出版的国家都将增补齐全。新版《列国志》的封面设计、版面设计更加新颖，力求带给读者更好的阅读享受。内容上的调整主要体现在数据的更新、最新情况的增补以及章节设置的变化等方面，目的在于进一步加强该套丛书将基础研究和应用对策研究相结合，将基础研究成果应用于实践的特色。例如，增加

东帝汶

了各国有关资源开发、环境治理的内容；特设"社会"一章，介绍各国的国民生活情况、社会管理经验以及存在的社会问题，等等；增设"大事纪年"，方便读者在短时间内熟悉各国的发展线索；增设"索引"，便于读者根据人名、地名、关键词查找所需相关信息。

顺应时代发展的要求，新版《列国志》将以纸质书为基础，全面整合国别国际问题研究资源，构建列国志数据库。这是《列国志》在新时期发展的一个重大突破，由此形成的国别国际问题研究资讯平台，必将更好地服务于中央和地方政府部门，应对日益繁杂的国际事务的决策需要，促进国别国际问题研究领域的学术交流，拓宽中国民众的国际视野。

新版《列国志》的编撰出版工作得到了各方的支持：国家主管部门高度重视，将其列入国家十二五重点出版规划项目；中国社会科学院将其列为创新工程学术出版资助项目，王伟光院长亲自担任编辑委员会主任，指导相关工作的开展；国内各高校和研究机构鼎力相助，国别国际问题研究领域的知名学者相继加入编辑委员会，提供优质的学术咨询与指导。相信在各方的通力合作之下，新版《列国志》必将更上一层楼，以崭新的面貌呈现给读者，在中国改革开放的新征程中更好地发挥其作为"知识向导"、"资政参考"和"文化桥梁"的作用！

新版《列国志》编辑委员会
2013年9月

前　言

自1840年前后中国被迫开关、步入世界以来，对外国舆地政情的了解即应时而起。还在第一次鸦片战争期间，受林则徐之托，1842年魏源编辑刊刻了近代中国首部介绍当时世界主要国家舆地政情的大型志书《海国图志》。林、魏之目的是为长期生活在闭关锁国之中、对外部世界知之甚少的国人"睁眼看世界"，提供一部基本的参考资料，尤其是让当时中国的各级统治者知道"天朝上国"之外的天地，学习西方的科学技术，"师夷之长技以制夷"。这部著作，在当时乃至其后相当长一段时间内，产生过巨大影响，对国人了解外部世界起到了积极的作用。

自那时起，中国认识世界、融入世界的步伐就再也没有停止过。中华人民共和国成立以后，尤其是1978年改革开放以来，中国更以积极主动的自信自强的姿态，加速融入世界的步伐。与之相适应，不同时期先后出版过相当数量的不同层次的有关国际问题、列国政情、异域风俗等方面的著作，数量之多，可谓汗牛充栋。它们对时人了解外部世界起到了积极的作用。

当今世界，资本与现代科技正以前所未有的速度与广度在国际流动和传播，"全球化"浪潮席卷世界各地，极大地影响着世界历史进程，对中国的发展也产生极其深刻的影响。面临不同于以往的"大变局"，中国已经并将继续以更开放的姿态、更快的步伐全面步入世界，迎接时代的挑战。不同的是，我们所面临的已不是林则徐、魏源时代要不要"睁眼看世界"、要不要"开放"的问题，而是在新的历史条件下，在新的世界发展大势下，如何更好地步入世界，如何在融入世界的进程中更好地维护民族国家的主权与独立，积极参与国际事务，为维护世界和平，促进世界与人类共同发展做出贡献。这就要求我们对外部世界有比以往更深切、更全面的了解，我们只有更全面、更深入地了解世界，才能在更高的层次上融入世界，也才能在融入世界的进程中不迷失方向，保持自我。

与此时代要求相比，已有的种种有关介绍、论述各国史地政情的著述，无论从规模还是内容来看，已远远不能适应我们了解外部世界的要求。人们期盼有更新颖、更系统、更权威的著作问世。

中国社会科学院作为国家哲学社会科学的最高研究机构和国际问题综合研究中心，有11个专门研究国际问题和外国问题的研究所，学科门类齐全，研究力量雄厚，有能力也有责任担当这一重任。早在20世纪90年代初，中国社会科学院的领导和中国社会科学出版社就提出编撰"简明国际百科全书"的设想。1993年3月11日，时任中国社会科学院院长的胡绳先生在科研局的一份报告上批示："我想，国际片各所可考虑出一套列国志，体例类似几年前出的《简明中国百科全书》，以一国（美、日、英、法等）或几个国家（北欧各国、印支各国）为一册，请考虑可行否。"

中国社会科学院科研局根据胡绳院长的批示，在调查研究的基础上，于1994年2月28日发出《关于编纂〈简明国际百科全书〉和〈列国志〉立项的通报》。《列国志》和《简明国际百科全书》一起被列为中国社会科学院重点项目。按照当时的计划，首先编写《简明国际百科全书》，待这一项目完成后，再着手编写《列国志》。

1998年，率先完成《简明国际百科全书》有关卷编写任务的研究所开始了《列国志》的编写工作。随后，其他研究所也陆续启动这一项目。为了保证《列国志》这套大型丛书的高质量，科研局和社会科学文献出版社于1999年1月27日召开国际学科片各研究所及世界历史研究所负责人会议，讨论了这套大型丛书的编写大纲及基本要求。根据会议精神，科研局随后印发了《关于〈列国志〉编写工作有关事项的通知》，陆续为启动项目拨付研究经费。

为了加强《列国志》项目编撰出版工作的组织协调，根据时任中国社会科学院院长的李铁映同志的提议，2002年8月，成立了由分管国际学科片的陈佳贵副院长为主任的《列国志》编辑委员会。编委会成员包括国际片各研究所、科研局、研究生院及社会科学文献出版社等部门的主要领导及有关同志。科研局和社会科学文献出版社组成《列国志》项目工作组，社会科学文献出版社成立了《列国志》工作室。同年，《列国志》项目被批准为中国社会科学院重大课题，新闻出版总署将《列国志》项目列入国家重点图书出版计划。

在《列国志》编辑委员会的领导下，《列国志》各承担单位尤其是各位学者加快了编撰进度。作为一项大型研究项目和大型丛书，编委会对《列国志》提出的基本要求是：资料翔实、准确、最新，文笔流畅，学术性和可读性兼备。《列国志》之所以强调学术性，是因为这套丛书不是一般的"手册""概览"，而是在尽可能吸收前人成果的基础上，体现专家学者们的研究所得和个人见解。正因为如此，《列国志》在强调基本要求的同时，本着文责自负的原则，没有对各卷的具体内容及学术观点强行统一。应当指出，参加这一浩繁工程的，除了中国社会科学院的专业科研人员以外，还有院外的一些在该领域颇有研究的专家学者。

现在凝聚着数百位专家学者心血，共计 141 卷，涵盖了当今世界 151 个国家和地区以及数十个主要国际组织的《列国志》丛书，将陆续出版与广大读者见面。我们希望这样一套大型丛书，能为各级干部了解、认识当代世界各国及主要国际组织的情况，了解世界发展趋势，把握时代发展脉络，提供有益的帮助；希望它能成为我国外交外事工作者、国际经贸企业及日渐增多的广大出国公民和旅游者走向世界的忠实"向导"，引领其步入更广阔的世界；希望它在帮助中国人民认识世界的同时，也能够架起世界各国人民认识中国的一座"桥梁"，一座中国走向世界、世界走向中国的"桥梁"。

《列国志》编辑委员会
2003 年 6 月

CONTENTS
目 录

第一章 概 览 / 1

  第一节 国土与人口 / 1

    一 位置与面积 / 1

    二 地形地貌 / 1

    三 山脉、河流与湖泊 / 2

    四 气候 / 2

    五 行政区划 / 2

    六 人口、民族与语言 / 4

    七 国家象征 / 8

  第二节 宗教与民俗 / 9

    一 宗教 / 9

    二 节日 / 10

    三 民俗 / 12

  第三节 特色资源 / 12

    一 名胜古迹 / 12

    二 著名城市 / 13

第二章 历 史 / 15

  第一节 古代简史 / 15

  第二节 近现代简史 / 16

  第三节 当代简史 / 18

CONTENTS

目 录

第四节 著名历史人物 / 21
    一 民族英雄和政治家 / 21
    二 思想家和哲学家 / 23

第三章 政 治 / 25

第一节 宪法 / 25
    一 宪法的制定 / 25
    二 宪法的主要内容 / 25
    三 宪法的修订 / 28

第二节 国家元首 / 28
    一 国家元首的称谓及其地位、性质 / 28
    二 国家元首的产生 / 29
    三 当选国家元首候选人的条件 / 29
    四 国家元首的职权与特权 / 29

第三节 议会制度 / 31
    一 议会的性质及组成 / 31
    二 国民议会的职权 / 32
    三 国民议会的会议规则 / 32
    四 立法程序 / 33

第四节 行政制度 / 34
    一 政府的地位和构成 / 34
    二 政府的职权 / 34

CONTENTS
目 录

第五节 司法制度 / 35
    一 审判机关及审判权的归属 / 35
    二 审判机关的组织构成 / 35
    三 检察机关 / 36

第六节 主要政党 / 37

第四章 经 济 / 41

第一节 经济发展概述 / 41
    一 独立前经济发展状况 / 41
    二 独立后经济发展与成就 / 43

第二节 农林渔牧业 / 47
    一 农业（种植业）/ 47
    二 林业 / 52
    三 渔业 / 54
    四 畜牧业 / 57

第三节 工业 / 59
    一 工业发展概况 / 59
    二 石油工业发展战略 / 61

第四节 服务业 / 61
    一 金融业和房地产服务业 / 62
    二 旅游业 / 64

CONTENTS
目 录

第五节　交通运输与邮政通信 / 66

　　一　交通运输部门 / 66

　　二　邮政通信业 / 68

第六节　财政 / 71

　　一　政府收入与支出 / 71

　　二　财政赤字、政府债务规模 / 78

　　三　外汇 / 82

第七节　对外经济关系 / 83

　　一　对外贸易政策 / 83

　　二　对外贸易发展 / 84

　　三　外商投资与外国援助 / 87

第五章　军　　事 / 93

第一节　军事发展 / 93

第二节　国防体制和国防预算 / 97

　　一　国防体制 / 97

　　二　国防预算 / 98

第三节　武装力量 / 100

　　一　陆军 / 100

　　二　海军 / 101

　　三　空军 / 102

目录

第四节　军事制度 / 102

　　一　兵役制度 / 102

　　二　军事训练 / 104

第六章　文化与社会 / 105

第一节　文化概述 / 105

　　一　文化发展历程 / 105

　　二　文化艺术概况 / 106

　　三　文化建设举措 / 107

　　四　新闻媒体 / 110

第二节　教育 / 110

　　一　教育概况 / 110

　　二　教育体制 / 111

　　三　教育改革 / 114

第三节　医疗卫生 / 116

　　一　医疗卫生概况 / 116

　　二　医疗卫生改革 / 117

第四节　社会管理 / 124

　　一　概况 / 124

　　二　具体措施 / 125

　　三　改革目标 / 130

CONTENTS

目 录

第五节　环境保护 / 131

　　一　环境概况 / 131

　　二　环境治理举措 / 132

　　三　环境治理目标 / 136

第七章　外　交 / 137

第一节　外交概况 / 137

第二节　与东盟以及东盟国家的关系 / 138

　　一　与东盟的关系 / 138

　　二　与印度尼西亚的关系 / 139

　　三　与马来西亚的关系 / 140

　　四　与菲律宾的关系 / 140

　　五　与其他东盟国家的关系 / 141

第三节　与美国的关系 / 141

第四节　与俄罗斯、日本、印度的关系 / 142

　　一　与俄罗斯的关系 / 142

　　二　与日本的关系 / 143

　　三　与印度的关系 / 144

第五节　与澳大利亚、新西兰的关系 / 146

　　一　与澳大利亚的关系 / 146

　　二　与新西兰的关系 / 149

CONTENTS
目 录

第六节　与葡语国家的关系 / 150
 一　与葡萄牙的关系 / 150
 二　与巴西的关系 / 152
 三　与其他葡语国家以及葡语国家共同体的关系 / 153

第七节　与中国的关系 / 154

大事纪年 / 161

参考文献 / 175

索　引 / 187

后　记 / 191

第一章
概　览

第一节　国土与人口

一　位置与面积

东帝汶民主共和国（Democratic Republic of Timor-Leste），简称东帝汶，是位于努沙登加拉群岛东端的岛国，包括帝汶岛东部和西部北海岸的欧库西地区以及附近的阿陶罗岛和东端的雅库岛。西与印度尼西亚的西帝汶相接，南隔帝汶海与澳大利亚相望。国土面积15007平方千米（2021年），海岸线全长735千米。东帝汶位于南纬8°~10°，东经124°~128°，属于东9时区，当地时间比北京时间早1小时。

二　地形地貌

东帝汶沿海有平原和谷地，其余大部分地区都是山地。具体而言，东帝汶沿着主要断裂线（在拉美劳山上，有海底火山活动的情况）由大陆隆起形成，其地形极其崎岖，山脉骨架高2000米以上，因而即使是最高的山峰也有海洋化石，森林覆盖的山脉布满洞穴。在东帝汶1.5万平方千米的土地上，几乎一半的土地有40度及以上的坡，这里虽然风景优美，但道路建设和耕作极为困难。陡峭的地形加上遍布的石块，石灰石的土壤对农业耕作来说是一个挑战。在东帝汶的南面，沿海的平原有20千米~30千米宽，而在北部，其平原的范围要窄得多，许多山脉直入大海。

三 山脉、河流与湖泊

东帝汶海拔最高的山是塔塔迈劳山（Tatamailau），也叫拉美劳山（Ramelau），海拔2963米。

东帝汶主要有29条河流，其中北部12条，南部17条。这些河流大多比较短，水流急。东帝汶全国河流总长约4286千米，河流流域总面积约183.42平方千米。最长的河流是洛斯（Loes）河，总长80千米，流域总面积为2184平方千米（覆盖全国面积近15%）。其次是拉科洛（Laclo）河、克莱尔（Clere）河和贝鲁利奇（Belulic）河。

东帝汶最东部地区有派齐（Paitchau）山脉和艾拉·拉拉罗（Ira Lalaro）湖，其中艾拉·拉拉罗湖是东帝汶最大的湖。艾拉·拉拉罗湖区拥有东帝汶第一个自然保护区——尼诺·科尼斯·桑塔纳（Nino Konis Santana）国家公园。该保护区拥有东帝汶境内最后的热带干燥森林，人口稀少，生活着许多独特的植物和动物。

四 气候

东帝汶全年高温多雨，无寒暑季节变化，但有旱雨两季之分。东帝汶海岸线的温度通常为25℃～35℃，而在海拔较高的山区，温度要低得多。大部分地区属热带雨林气候，平原、谷地属热带草原气候。年平均气温26℃，年平均湿度为70%～80%。全国年平均降水量1200毫米～1500毫米，但地区差异较大：北部沿海地区每年5～11月为旱季，12月～翌年5月为雨季，年降水量为500毫米～1500毫米；南部沿海地区6～11月为旱季，12月～翌年2月及5～6月为雨季，年降水量为1500毫米～2000毫米；中部山区年降水量为2500毫米～3000毫米。

五 行政区划

东帝汶首都帝力（Dili），面积48.3平方千米，位于帝汶岛东北海岸，是一深水港。帝力是全国政治、经济和文化中心，东帝汶80%以上的经济活动在此进行。

第一章 概 览

东帝汶有 13 个省（地区）：阿伊莱乌省（Aileu）、阿伊纳罗省（Ainaro）、包考省（Baucau）、博博纳罗省（Bobonaro）、科瓦利马省（Cova-Lima）、帝力省（Dili）、埃尔梅拉省（Ermera）、劳滕省（Lautem）、利基卡省（Liquica）、马纳图托省（Manatuto）、马努法伊省（Manufahi）、欧库西省（Oecussi-Ambeno）、维克克省（Viqueque）。省以下有 65 个县，共 443 个乡 2236 个村。

欧库西省 旧称欧库西－安贝诺区或欧库西－安贝诺县，位于帝汶岛西北部，是一处外飞地。东帝汶东、南、西面均被印尼的西帝汶包围，北临萨武海。面积 815 平方千米，人口 68913 人（2015 年），首府欧库西，下分四次区。尽管欧库西由西帝汶与萨武海所包围，并不与东帝汶其他的国土连接，但东帝汶原为葡萄牙的殖民地，西帝汶则为荷兰的殖民地荷属东印度的一部分，而欧库西却是葡萄牙到达帝汶岛时最早的根据地，因此在历史上，欧库西一直属于东帝汶的范围。

利基卡省 位于西北部，北临萨武海。面积 543 平方千米，人口 71927 人（2015 年）。首府利基萨。下分三县。

帝力省 位于帝汶岛北部，包括岛外的阿陶罗岛。面积 367 平方千米，人口 277279 人（2015 年）。该国面积最小，但人口最多的一个省。首府帝力也是该国的首都。下分六次区。

马纳图托省 位于中部。北临萨武海，南临帝汶海。该国两个南北临海的省之一。面积 1706 平方千米，人口 46619 人（2015 年）。首府马纳图托。下分六次区。

包考省 位于东部北海岸。首府同样称作包考。当地人口为 123203 人（2015 年），面积 1494 平方千米。下级区域有碧瑶（Baguia）、包考、拉加（Laga）、凯里克（Quelicai）、巴马士（Vemasse）、威尼莱（Venilale，前称 Vila Viçosa）。区域划分与殖民地时代没有分别。该区北面为韦塔海峡，东面与劳滕省接壤，南面为维克克省，西面是马纳图托省。

劳滕省 在帝汶岛的最东端。人口 65240 人（2015 年），面积 1702 平方千米。首府是圣保罗，距离帝力 248 千米。下辖有伊利奥马尔县、劳滕县、圣保罗、卢罗县以及图图阿拉（Tutuala）。劳滕省边界的最西面为包考省和维克克省，北面是班达海，南面是帝汶海。该区还包括其最东边的岛屿——卡查海南（Kap Cutcha），它属于下级区域图图阿拉。

博博纳罗省 位于西北部，西北临萨武海，西临印尼西帝汶。面积1368平方千米，人口97762人（2015年）。首府玛利亚娜。下分六次区。东帝汶与印尼的主要关卡位于本省。

埃尔梅拉省 位于西部，是两个内陆省之一。面积746平方千米，人口125702人（2015年）。首府格兰奴。下分五次区。

阿伊莱乌省 位于中部，是两个内陆省之一。面积737平方千米，人口48837人（2015年）。首府阿伊莱乌。下分四次区。

维克克省 东帝汶面积最大的行政区划。人口76033人（2015年），面积1781平方千米。首府位于维克克，下级区域有拉克劳（Lacluta）、奥苏（Ossu）、乌托拉里（Uatolari）、也卡拉布（Uato Carabau）和维克克（Viqueque）。所有行政区划的划分与殖民地时代相同。它处于帝汶岛的南岸，靠近帝汶海。它北与包考省相邻，东接劳滕省，而西和马纳图托省接壤。

科瓦利马省 位于帝汶岛南部。西北与印尼的西帝汶相连，南临帝汶海。面积1226平方千米，人口65301人（2015年）。首府苏艾。下分七次区。

阿伊纳罗省 位于西南部，南临帝汶海。面积797平方千米，人口63136人（2015年）。首府阿伊纳罗。下分四次区。境内塔塔迈劳山是东帝汶暨帝汶岛的最高峰。

马努法伊省 位于该国南部，南临帝汶海。面积1325平方千米，人口5369人（2015年）。首府萨姆。下分四次区。

六 人口、民族与语言

（一）人口与民族

根据联合国最新统计（见表1-1），2019年东帝汶总人口为1352360人，居世界第156位，其中城市人口占总人口的32.9%，为444627人，这其中又有28.1万人集中在首都帝力，占总人口的20.8%。15岁以下人口比例为44.8%，15~60岁人口比例为50.5%，60岁以上人口比例为5%。78%为土著人（巴布亚族与马来族或波利尼西亚族的混血人种），20%为印尼人，2%为华人。东帝汶华人是东南亚国家中最小的华人群体，主要在首都帝力。

表1-1 东帝汶人口数据统计

年份	人口（人）	人口增长率（%）
1980	587563	—
1990	751933	28
2000	871607	15.9
2005	1026484	17.8
2010	1109591	8.1
2015	1240977	11.8
2016	1268471	2.23
2017	1296311	2.18
2018	1324094	2.14
2019	1352360	2.13

资料来源：根据联合国人口统计数据整理。

（二）语言

德顿语（Tetum）和葡萄牙语是东帝汶国家宪法确认的官方语言。东帝汶的土著语言是德顿语，这是一种受葡萄牙语影响的马来-波利尼西亚语。此外，受葡萄牙的殖民影响，葡萄牙语在东帝汶传播，因而这两种语言就成为东帝汶的官方语言。英语和印尼语有时也被使用，它们被指定为东帝汶的工作语言。

东帝汶现存的语言很多，常用的至少有16种。东帝汶的语言主要可以分为南岛语系和跨新几内亚语系。根据通用的语系划分法，可以把现有语言分类为南岛语系和跨新几内亚语系。在南岛语系里有法布洛尼克语族和拉姆拉伊克语族两大分支，分别有8种和4种分支语言。其中，法布洛

东帝汶

尼克语族取代了帝汶岛最原始的土著语言，但其自身也受到了土著语言的强烈影响。而跨新几内亚语系是东帝汶最早的语言，其分支语言下共有4种，大部分已被南岛语系同化。具体划分如表1-2所示。

表1-2　东帝汶语言划分

南岛语系		跨新几内亚语系
法布洛尼克语族	拉姆拉伊克语族	
德顿语是东帝汶的官方语言，东帝汶2/3以上的地区说德顿语及其各种变体	曼拜语（Mambai）使用人数众多，是东帝汶第二大语言	布拉克语（Bunalt）使用范围是东帝汶的西南部。在南部沿海，说布拉克语的人和说德顿语的人相互杂居，语言相互影响
哈布语（Habun）是德顿语的最早形态语，主要集中在马纳图托南部地区	科玛克语（Kamak）使用范围在东帝汶的西北部	马凯赛语（Makasai）是东帝汶第三大语言，超过10万人使用马凯赛语。它是包考地区的主要语言
卡瓦米纳语（Kawaimina）是东帝汶东北方言群的总称，是4种本地语言——凯瑞语（Kairui）、威玛哈语（Waimaha）、米迪基语（Midiki）和瑞埃堤语（Naueti）的首字母的合写	托克德德语（Tokodede）主要使用范围是在东帝汶的西北部海岸地区，包括利基卡、茅巴拉和巴扎特特等地区	马卡莱洛语（Makalero）使用区域主要在东帝汶的东南沿海地区，接近马凯赛语
加洛勒语（Galoli）是马纳图托地区和拉科洛地区的方言，主要使用范围是在帝力和包考之间的北部海岸地区	埃德特语（Idalaka）是在东帝汶中部地区使用的3种方言——拉卡莱语（Lakalei）、埃达特语（Idate）和伊斯尼语（Isni）的首字母合写	法塔卢克语（Fatalulaz）在东帝汶东部使用，主要使用范围为劳滕、劳斯帕罗斯、劳里和图图阿拉地区。法塔卢克语共有5种方言
韦塔语（Wetarese）是阿陶罗岛方言的总称，是由拉蒂克语（Rahesuk）、瑞斯克语（Resuk）、拉克伦格语（Raklunge）和达杜阿语（Dadua）4种方言组成		

6

第一章 概 览 **T**imor-Leste

续表

南岛语系		跨新几内亚语系
法布洛尼克语族	拉姆拉伊克语族	
伯凯斯语(Bekais)主要使用区域是东帝汶和印尼的边境地区,现已大部分融入德顿语中		
达瓦语(Dawan)主要是在欧库西地区使用,说这种语言的人很多		
马库瓦语(Malazva)是一种接近绝迹的语言,使用范围有限		

德顿语是使用最为广泛的语言。印度尼西亚统治时期是禁止使用葡萄牙语的,只允许在政府机关、学校和公共事业单位中使用葡萄牙语。在印度尼西亚占领期间,葡萄牙语是东帝汶人民反对爪哇文化一个重要的统一要素。为此,葡萄牙语在2002年被确定为独立的两种官方语言之一,并将东帝汶与世界其他地区的葡萄牙语国家联系起来。在巴西、葡萄牙和葡语国家共同体的帮助和推动下,葡萄牙语有望成为东帝汶最主要和最广泛使用的语言。东帝汶是葡萄牙语国家(也称为葡萄牙语联邦)和拉丁联盟共同体的成员。根据联合国教科文组织"世界濒危语言图集",东帝汶有六种濒危语言:阿达布语(Adabe)、哈布语、凯瑞-米迪基语(Kairui-Midiki)、玛库语(Maku'a)、瑙埃堤语(Naueti)和怀玛语(Waima'a)。

表1-3 东帝汶2015年各语言使用情况

单位:%

语言	所占比例
德顿语	30.6
印尼语	0.23
曼拜语	16.6
马凯赛语	10.5

7

东帝汶

续表

语言	所占比例
葡萄牙语	0.12
达瓦语	5.9
科玛克语	5.9
法塔卢克语	3.5
德瑞克德顿语（Tetum Terik）	6.1
托克德德语	4
加洛勒语	1.4
其他	15.15

资料来源：根据东帝汶统计局的数据整理。

七　国家象征

（一）国旗

东帝汶国旗既代表这个国家的历史记忆，又代表着对未来的希望，体现了东帝汶民族特性。该面国旗是东帝汶用来代表它作为一个独立国家而不是另一个国家的一部分的象征标识。东帝汶国旗于2002年通过，与1975年的国旗相同。在2002年5月19日的午夜，东帝汶独立纪念日的第一天，也就是5月20日，联合国的旗帜降下，独立的东帝汶的旗帜升起。

国旗呈长方形，长宽之比为2∶1。旗面为红色，左侧有一个黑色的等边三角形和一个黄色的等腰三角形重叠图案，黑色等边三角形上有一颗白色五角星。红色代表东帝汶人民争取独立自由的斗争，黑色的三角形代表必须击倒反启蒙主义，黄色的三角形代表东帝汶曾被葡萄牙、印尼等国殖民统治过的历史，中心有一颗稍微向左倾斜的小星星，代表引导着独立自由的光芒。

（二）国徽

东帝汶国徽中心图案源自东帝汶独立革命阵线旗帜，象征为取得独立而进行的不懈斗争。顶部是国名"东帝汶民主共和国"，两颗白星之间的字母是"东帝汶人民防卫"的缩写；底部饰带上为"团结、行动、进步"的葡萄牙文。

(三) 国歌

东帝汶国歌为《祖国》(Patria)。1975年东帝汶在印度尼西亚入侵之前单方面宣布独立于葡萄牙，这首歌第一次被使用，直到2002年东帝汶独立时它才被正式确定为国歌。它是东南亚地区唯一不以土著东南亚语言唱的国歌，用的是葡萄牙语。《祖国》的曲谱由阿方索·德·阿劳霍(Afonso de Araujo)创作，歌词由诗人弗朗西斯科·博尔哈·达科斯塔(Francisco Borja da Costa)撰写。它最初只有葡萄牙语版，但现在有德顿语版。

其歌词大意是：祖国，祖国，我们的国家东帝汶，光荣归于解放事业的英雄；祖国，祖国，我们的国家东帝汶，光荣归于解放事业的英雄。我们击退殖民主义，我们呐喊：打倒帝国主义！自由的土地，不容被占据！在与人民的敌人——帝国主义的战斗中，坚定果敢地团结向前进！走在革命的大道上，直到最后的胜利！

第二节 宗教与民俗

一 宗教

东帝汶宪法规定了宗教自由，政府在实践中普遍尊重这一权利。2015年东帝汶人口普查数据显示，信奉天主教的有1150990人，信奉新教的约有23100人，信奉伊斯兰教的有2824人，信奉佛教的约有560人，信奉印度教的有272人，信奉原始泛神信仰的有918人。

20世纪70年代以前，东帝汶以原始泛神信仰为主，多种宗教并存。东帝汶人的传统是信奉泛神信仰，祖先崇拜是其重要内容之一。各地都设有类似禁地的神屋，内置供祭祀崇拜的神物，外有棕榈叶、树枝、石头、骨头等特殊装饰。主管祭祀活动的人称为神老，在村社中享有很高的地位。每逢宣战、战胜或重要农时，各部族由神老主持举行集体祭神仪式。

天主教是随着葡萄牙殖民者的入侵而传入的。葡萄牙人最先到达东帝汶的西部飞地欧库西地区，那里的土著天主教化最早，从17世纪就已开

始。除传教士外,最初的信仰者主要是葡萄牙殖民者及其混血后裔。土著加入天主教的属于少数。中部的布那克族最早接受洗礼的时间是1875年7月19日。而最东部图图阿拉地区到1948年1月30日才有第一个土著人教。天主教教会的数量从1974年的100个增加到1994年的800个以上,这是由于印度尼西亚的国家意识形态——潘查希拉(Pancasila)[①] 要求所有的公民都信奉一个上帝,因此在印度尼西亚统治下教会会员人数大幅增加。东帝汶的万物有灵论信仰体系与印度尼西亚的宪法一神论不相符,导致大规模转向基督教。在入侵之前,只有20%的东帝汶人是罗马天主教徒,到了20世纪80年代,95%的人为天主教徒。东帝汶拥有90%以上的天主教人口,目前是世界上人口密度最高的天主教国家之一。

美国中央情报局的"世界概况"估计,穆斯林占东帝汶总人口的0.2%。东帝汶首任总理马里·阿尔卡蒂里(Mari Alkatiri)是逊尼派穆斯林。在印度尼西亚占领期间,该国的穆斯林人口众多,主要由来自阿拉伯、印度和东南亚其他国家的商人组成。据估计,1975年帝力约有500名穆斯林,许多人经常诵读《古兰经》。帝力的科摩罗河口地区有穆斯林商人的集居地。他们积极参与70年代东帝汶争取独立的事业。早期的东帝汶独立革命阵线(简称革阵,FRETILIN)的60名中央委员中,有7名是穆斯林。

二 节 日

东帝汶是一个相对年轻的国家,它的节日除了重要的宗教节日,如万灵节、万圣节、圣诞节和复活节,大多数的节日是为了庆祝东帝汶独立,如恢复独立日、独立公投日和国家青年节。下面将重点介绍几个东帝汶的节日(见表1-4)。

[①] 印度尼西亚的国家哲学纲领。1945年6月1日,苏加诺发表著名的"建国五项原则"(即"潘查希拉")的演说。6月22日,印尼宪法草案将"潘查希拉"确立为印尼国家指导思想,其中将信仰神道提到第一位。

独立恢复日 5月20日这一天被定为公共假日。2002年5月20日，联合国将主权移交给新当选的东帝汶政府。为了纪念正式独立建国，每年这一天全国各地举行庆祝活动，在教堂举行弥撒，向为自由而战的人们致敬。

和平节 该节日定于6月举行，主要是举行一系列由年轻人表演的艺术活动，来促进东帝汶易发生冲突的地区中直接或间接受到暴力影响的年轻人的个人成长。

国家青年节 该节日的日期是11月12日。这一天是用于纪念1991年11月12日在帝力发生的圣克鲁斯大屠杀（支持独立的抗议者被印尼军队屠杀）的遇难者。目前这是东帝汶的一个公共假日。

国家英雄日 该节日定于12月7日，是东帝汶的公共假日。该节日一方面是向东帝汶争取独立斗争的英雄致敬，另一方面也是纪念1975年印度尼西亚入侵东帝汶的那一天。

表1-4 东帝汶主要节假日和纪念日

时间	节日/纪念日	备注
1月1日	元旦	国际性节日
伊历12月10日	古尔邦节	伊斯兰教节日
3~4月	基督受难日	基督教节日
5月1日	劳动节	国际性节日
5月20日	独立恢复日	2002年联合国移交主权至临时政府的周年纪念
5~6月	基督圣体节	基督教节日
8月30日	独立公投日	纪念1999年8月30日在联合国主持下就东帝汶独立问题举行全民公投
11月1日	诸圣日	基督教节日
11月2日	万灵节	基督教节日
11月12日	国家青年节	纪念1991年圣克鲁斯大屠杀的遇难者
11月28日	独立宣言日	纪念1975年11月28日东帝汶单方面宣布独立
伊历10月1日	开斋节（肉孜节）	伊斯兰教节日
12月7日	国家英雄日	1975年印尼入侵东帝汶的周年纪念
12月8日	圣母无原罪日	基督教节日
12月25日	圣诞节	基督教节日

三　民俗

东帝汶民族有尚武习俗，因此外来人员要尽量避免与当地人产生冲突，成为群体暴力事件袭击的对象。遇有婚丧或教会活动的车队，须停靠避让，不得超车。

上门做客带巧克力和红酒是很受欢迎的，若是带钱就说是给孩子的，否则一般不会收。女性到别人家串门常会带上一些化妆品作为小礼物送给女主人。

东帝汶是个男权社会，女性居次要地位，东帝汶许多地区的妇女要承担砍柴、担水、种地、照看孩子等家庭重担，男人们干的活只是腰间挎着个大砍刀，上树摘些椰子拿回家，有些渔民家庭男人还负责出海打鱼。

关于东帝汶的问候方式，一般而言，男性问候男性，握手是最常见的问候方式；女性问候女性，通常是亲吻脸颊；男女之间常见的是握手，有时也可亲吻脸颊，这取决于彼此了解程度。大多数情况下，在公共场合用手指指点点是可以的，插队是可以接受的，但公开示爱则被视为禁忌。

第三节　特色资源

一　名胜古迹

东帝汶旅游资源较为丰富，其8大旅游景点较为有名，它们分别是切加展览（Chega Exhibition）、巴利博旗府（Balibó Flag House）、抵抗博物馆（Resistance Museum）、失落的世界（Mundo Perdido）、岩石艺术洞穴（Rock Art Caves）、圣克鲁斯公墓（Santa Cruz Cemetery）、帝力海滨区（Dili Waterfront）、圣克鲁斯大屠杀纪念碑（Santa Cruz Massacre Memorial Monument）。这其中既有自然风光又有名胜古迹。下面将重点介绍其名胜古迹。

切加展览　Chega 在葡萄牙语中的意思是"停止"或"不再"，即

"不再接收"的意思，这个展览设在葡萄牙时代的监狱里，展览内容包括东帝汶接待、真相与和解委员（CAVR）的创建及其活动，受害者和解工作，以及1974年4月25日至1999年10月25日期间人权受侵犯的真相调查活动及其结果和建议。

巴利博旗府 巴利博旗府是报道印度尼西亚入侵东帝汶的5名记者在1975年10月16日被印度尼西亚特种部队杀害之前停留的地方。

抵抗博物馆 2005年成立，旨在纪念东帝汶反对印尼占领进行了24年斗争。通过展示东帝汶人在争取独立斗争中使用的武器和通信工具等展品，以及照片、视频录像，展现东帝汶民族解放军反对外来侵略的抵抗精神。

岩石艺术洞穴 早期原住民在悬崖和洞穴中所创作的岩石艺术，描绘的场景包括斗鸡和打猎等。

圣克鲁斯公墓 这里本来是天主教公墓。1991年11月12日，印度尼西亚士兵在东帝汶民众从莫斯塔尔教堂到圣克鲁斯公墓纪念戈麦斯[①]的仪式上开火，当时有超过250名平民（大部分是学生）死亡。

圣克鲁斯大屠杀纪念碑 由于独立支持者戈麦斯在1991年10月28日在这附近被印度尼西亚部队枪杀，其建立是为了纪念那些在圣克鲁斯大屠杀中遇难的人。

二 著名城市

东帝汶著名的城市主要有帝力和包考。

帝力是东帝汶的首都，位于帝汶岛东北海岸，三面环山，北濒海洋。气候炎热，终年高温，是一个深水良港。

东帝汶的第二大城市是包考，拥有全东帝汶最发达的农业。除了稻米和玉米为主要农产品，包考还出产大豆、花生、甘薯、椰子及木薯，并饲养水牛及羊。包考拥有广阔的沙滩海岸，是游泳和其他水上活动的理想场所。老城街道弯弯曲曲，最引人注目的是葡萄牙统治时期建造的老市场

---

① 戈麦斯是一名独立支持者，被印尼警方击毙。

东帝汶

(Mercado Municipal) 遗址。历史上的包考，曾是东帝汶与世界连接的门户，这里是20世纪70年代穿越东南亚的嬉皮士线路（Hippy Trail）的第一站（或是最后一站）。包考的卡贡（Cakung）国际机场拥有东帝汶最长的机场跑道，距离包考市6千米。在1975年印尼入侵以及军方接管前，卡贡国际机场是该国的主要机场。

第二章

历 史

第一节 古代简史

　　帝汶岛发现的最早人类活动遗迹距今42000年，在岛屿东部的杰里马莱洞穴（Jeremalai Cave）发现了人类曾经在此进行捕鱼活动的遗迹。这些早期的人类已拥有高水平的海上技能，已能捕捞和消费大量的大型深海鱼类。公元前3000年，美拉尼西亚人移居至帝汶岛。早期的维多－澳大利亚人此时撤退到帝汶岛山区内陆。后来，马来人从中南半岛北部抵达帝汶岛。帝汶人的起源神话讲述了在帝汶岛东端航行的祖先抵达了南部的陆地。

　　帝汶岛曾先后由以苏门答腊为中心的室利佛逝王国和以爪哇为中心的满者伯夷王国统治。7世纪中叶，帝汶岛由室利佛逝王国统治。室利佛逝王国是公元7世纪在苏门答腊东南部兴起的信奉大乘佛教的海上强国。"室利佛逝"意为光荣胜利，中国唐代史籍一般称它为室利佛逝，有时简称佛逝或佛齐。该国首都最初在巨港，后北迁占碑。其前期的政治中心可能在今巨港附近。唐代时期，其疆域"东西千里，南北四千里远"。由于其地处东西海上交通要冲，产黄金，转口贸易兴盛，中国、印度和阿拉伯往来商船会集于此。此外，该国佛教昌盛，为印度以外的另一个佛教中心。中国僧人义净曾先后三次到此，因此与中国长期保持友好关系。

　　13世纪初帝汶岛由满者伯夷王国统治。满者伯夷国（爪哇语：

15

Madjapahit）是13世纪末建立于爪哇岛东部的封建王朝，在今泗水西南。从1293年至1500年，满者伯夷王国曾统治马来半岛南部、婆罗洲、苏门答腊和巴厘岛。它是信诃沙里王朝（1222～1292年）的继续。1350～1389年是哈奄·武禄王（Hayam Wuruk）统治时期，是满者伯夷王朝的强盛时期，印度尼西亚开始成为统一政权的封建国家和东南亚强大的海上帝国。

14世纪的那马拉克勒达加马（Nagarakretagama）是关于帝汶岛最早的历史记录，它认为帝汶岛是马加希特王国的一个岛屿，当时其他国家同帝汶岛的主要贸易是用金属制品、大米和精细纺织品换取当地的香料、檀香、鹿角、蜂蜡和奴隶。15世纪，同明朝郑和同下西洋的费信写了《星槎胜览》一书，对"吉里地闷"（即帝汶岛）的位置、沿革、重要都会、港口、山川地理、社会制度、政教刑法、人民生活、社会风俗、宗教信仰，以及生产劳作、商业贸易和气候、物产等，作了扼要的叙述。1522年1月至2月，葡萄牙航海家斐迪南·麦哲伦的探险队在帝汶岛逗留26天，将该岛的第一手资料带回了欧洲。

第二节　近现代简史

从近代开始，帝汶岛逐渐沦为殖民地。由于南洋群岛盛产香料，进入大航海时代以来，西方殖民者对其觊觎已久。16世纪初帝汶岛开始遭到殖民者的入侵。1509年，葡萄牙军舰首次到达帝汶岛，殖民者从帝汶岛北部海岸登陆并在1509～1511年与当地居民开展贸易活动。1556年，一群多米尼加修士在这个地区开始他们的传教活动。从17世纪开始，利福村（the Village of Lifau）即今欧库西飞地的一部分成为葡萄牙人活动的主要地点。在此期间，葡萄牙人开始向帝汶岛当地居民传教，使他们信仰天主教。1613年，荷兰入侵帝汶岛，1618年在西帝汶建立基地，并排挤葡萄牙势力至东部地区。1642年，葡萄牙武力入侵东帝汶，建立檀香贸易站，同时，荷兰人正逐渐控制印度尼西亚。也是从1642年开始，葡萄牙人与荷兰人争夺在帝汶岛的统治权。这一年，葡萄牙的弗朗西斯科·费尔

第二章 历 史 Timor-Leste

南德斯（Francisco Fernandes）率领一支军事探险队开始远征，目的是削弱帝汶国王的权力。这次远征由"黑葡萄牙人"① 托帕斯（Topasses）领导，成功地将葡萄牙的影响力扩大到了该国内地。1651年，荷兰入侵帝汶岛西端的库邦（Kupang），占领了一半的领土。1702年，第一位葡萄牙总督上任，正式宣布东帝汶为其殖民地，名称为"葡属帝汶"（Portuguese Timor）。但是葡萄牙殖民者对帝汶岛的控制非常薄弱，尤其在山区内陆地带。这一时期，葡萄牙殖民者遭到当地的多米尼加修士、荷兰骑兵队和原住民的反对和抵抗。葡萄牙殖民者的统治范围主要局限于帝力，而统治方式则主要依靠当地部落酋长对帝力施加影响。1769年，由于连续不断的"黑葡萄牙人"军事力量的袭击，帝汶的首都由利福迁至帝力。与此同时，荷兰人控制着岛上的其他地区并在印度尼西亚的周围群岛上定居。

1812~1815年，英国殖民者曾短暂控制西帝汶。1816年，荷兰恢复对帝汶岛的殖民统治。1851年，葡萄牙和荷兰就解决边界问题达成第一项协议。1859年4月20日，葡萄牙和荷兰两国签订《里斯本条约》（Treaty of Lisbon），重新瓜分帝汶岛。条约规定，葡萄牙将弗洛雷斯、阿登纳拉和索洛尔等岛屿上的历史财产割让出来，帝汶岛东部及北部欧库西地区归葡萄牙，西部并入荷属东印度（今印度尼西亚）。此条约对于帝汶岛的历史发展产生了深远影响，一方面是确定了两大殖民势力即荷兰和葡萄牙在该岛的势力范围，另一方面则通过条约的形式初步确定了葡属帝汶（今东帝汶）和荷属帝汶（今西帝汶）的边界。此后两国在边界问题上继续谈判。1883年，两国就边界问题达成进一步协议。1910~1912年，葡属帝汶人民进行了反抗殖民者的斗争，但最终遭到来自莫桑比克的军队镇压。1914年6月25日，国际仲裁法庭对1913年4月3日在海牙签署的条约产生的飞地和边界争端进行国际仲裁。仲裁解决了葡萄牙和荷兰在帝汶的划界争端。仲裁法庭规定，两国在帝汶岛的具体边界即为各自势力范

---

① 也叫非裔葡萄牙人，其祖先来自非洲撒哈拉以南地区的葡萄牙在非洲的前海外殖民地，他们通常说葡萄牙语式的克里奥尔语。

17

围。这次仲裁不仅确立了葡萄牙和荷兰当时在帝汶岛的控制地域,也成为当今印度尼西亚和东帝汶两国之间的边界。

在整个第二次世界大战期间,虽然葡萄牙属于中立国,但葡属帝汶依旧遭到他国的入侵和占领。1941年12月17日,荷兰与澳大利亚联军进入葡属帝汶。联军的干预将葡属帝汶拖入太平洋战争,减缓了日本的扩张速度。1942年2月20日,日本入侵东帝汶。当日军占领葡属帝汶时,一支由荷澳联军和大量的帝汶志愿者组成400人的部队进行了为期一年的游击战。1943年2月荷澳联军撤离后,葡属帝汶人民继续与日本侵略者进行游击战。葡属帝汶人民在战争中付出了惨重的代价。日本侵略者烧毁当地的村庄,抢劫当地的粮食用品,并造成了当地40000~70000人死亡。日本战败后,1945年8月17日,印度尼西亚宣布脱离荷兰独立。9月5日,日本承认葡萄牙对东帝汶的统治地位。9月27日,葡萄牙正式恢复对东帝汶的统治。葡萄牙虽然恢复了对东帝汶的统治,但未对该地给予过多关注,殖民当局也未在该地的基础设施建设、教育和医疗方面进行投资。直到1951年东帝汶及附属地被改为葡海外省。

第三节 当代简史

从20世纪50年代开始至70年代,东帝汶一直处于他国的控制下。1960年,第15届联合国大会通过1542号决议,宣布东帝汶岛及附属地为"非自治领土",由葡萄牙管理。在这期间,由于受到世界范围内蓬勃发展的民族解放运动的冲击,从70年代起,东帝汶人们开始摆脱葡萄牙控制,改变殖民地地位并为建立自己的民族国家而斗争。1974年4月25日,葡萄牙爆发武装部队运动,葡萄牙开始民主化和非殖民化进程。1975年,葡政府放弃对东帝汶的管治,并允许东帝汶举行全民公投,实行民族自决。然而,主张独立的东帝汶独立革命阵线、主张同葡萄牙维持关系的全国民主联盟(简称民盟,UDT)和主张同印度尼西亚合并的帝汶人民民主协会(简称民协,APODETTY)三方之间因为政见不同爆发内战。

第二章 历 史

1975年11月28日,革阵单方面宣布东帝汶独立,成立东帝汶民主共和国。同年12月,印度尼西亚出兵并占领东帝汶。1976年,印度尼西亚宣布东帝汶为其第27个省。在这之后,东帝汶人民开始了与印度尼西亚长达20余年斗争的历史。东帝汶人民为了民族的独立,英勇战斗,有20多万人为此献出了宝贵的生命。

在此期间,国际社会也没有放弃和平解决东帝汶问题的努力。1975年12月12日,联合国大会将印尼入侵东帝汶列入大会议程,通过决议,谴责印尼的军事入侵。同年12月22日,联合国安理会通过第384号决议,敦促印尼立即从东帝汶撤军。从1975年至1982年,联合国大会对东帝汶问题做出8项决议,确定东帝汶为"非自治领土",承认葡萄牙对东帝汶拥有行政管辖权。国际社会普遍反对印尼对东帝汶的军事入侵,葡萄牙政府立即断绝与印尼的外交关系。1982年,联合国大会表决通过支持东帝汶人民自决的决议。从1983年至1998年,在联合国秘书长的斡旋下,葡萄牙与印度尼西亚政府就东帝汶问题进行了10余轮谈判。

20世纪90年代的金融危机给了东帝汶民主进程以转机。金融危机使得苏哈托政权于1998年下台。1999年1月,印度尼西亚总统哈比比在内外压力下同意东帝汶通过全民公决选择自治或脱离印度尼西亚。5月5日,印度尼西亚、葡萄牙和联合国三方就东帝汶举行全民公决签署协议。6月11日,联合国安理会通过决议成立联合国驻东帝汶特派团(UNAMET)。8月30日,在联合国的监督下,东帝汶举行全民公决,45万东帝汶人参加了投票,其中78.5%的人反对将东帝汶作为印度尼西亚的一个自治省,认为应当结束印度尼西亚长达23年的军事统治。投票后亲印尼派与独立派发生流血冲突,东帝汶局势恶化,20多万难民逃至西帝汶。9月,哈比比总统宣布同意多国部队进驻东帝汶,安理会通过决议授权成立以澳大利亚为首约8000人组成的多国部队,于9月20日正式进驻东帝汶,与印度尼西亚驻军进行权力移交。10月,印度尼西亚人民协商会议通过决议正式批准东帝汶脱离印度尼西亚。同月,安理会通过第1272号决议,决定成立联合国东帝汶过渡行政当局(UNTAET),

19

东帝汶

全面接管东帝汶内外事务。此后东帝汶暂时恢复了平静。自1999年以来，联合国在东帝汶派驻了一系列机构，对于维护东帝汶局势的稳定发挥了积极作用。这些派驻机构包括：联合国驻东帝汶特派团、联合国东帝汶过渡行政当局、联合国东帝汶支助团（UNMISET）、联合国东帝汶办事处（UNOTIL）、联合国综合特派团（UNMIT）。

1999年11月，东帝汶成立具有准内阁、准立法机构性质的全国协商委员会（NCC），2000年7月成立首届过渡内阁，2001年8月举行制宪会议选举，9月15日成立制宪议会和第二届过渡内阁，2002年举行总统选举，东帝汶独立运动领袖夏纳纳·古斯芒（Xanana Gusmão）当选。2002年5月20日，东帝汶民主共和国正式成立。成立后的东帝汶迅速被国际社会接受。7月23日，东帝汶成为世界银行和亚洲开发银行的成员。9月27日，东帝汶成为联合国的成员国。

在古斯芒的任期内，东帝汶依然面临着国内局势不稳的危机。2006年4月在首都帝力发生的骚乱事件就是一个典型。这次骚乱事件最初来自东帝汶军队内部的一场争端。来自东帝汶西部的士兵认为遭到了歧视，上级给东部地区的士兵更多的优待。2006年2月8日，404名来自西部的士兵擅离部队驻地。部队命令这些士兵在3月必须返回营地，但遭到拒绝，于是这些士兵被开除军籍。此后这些士兵加入了与军队有着尖锐矛盾的警方阵营。4月初，时任外交部长拉莫斯·奥尔塔（Ramos-Horta）宣布将成立一个小组来听取前士兵的意见，但表示这些士兵必须在明确责任之后才可能重新被军队接纳。这使得双方矛盾进一步激化，5月，爆发激烈的战斗。总理马里·阿尔卡蒂里称暴力事件为"政变"，并希望多个国家提供外国军事援助。此后，国际社会开始干预此次事件。5月25日，澳大利亚、葡萄牙、新西兰等国派遣军队进入东帝汶，试图解决这次骚乱事件。在这次骚乱事件中，至少有23人丧生。为了平息这次危机，东帝汶政府内部也在做出调整。6月21日，时任总统古斯芒要求总理阿尔卡蒂里下台。面对着严峻的危机，阿尔卡蒂里于6月26日宣布辞职。8月，叛军领导人阿尔弗雷多·雷纳多（Alfredo Reinado）从帝力的监狱逃走。10月底，紧张局势加剧，青年帮派之间的武装冲突使帝力尼古劳·洛巴托总统国际机场被迫关闭。这场危机影响了东帝汶内部的政治局势，对于国内各政治派别的斗争也有着深刻影响。在第二届总统大选的筹备过程中，2007年2月和3月又爆发了暴力事件。2007年4月，古斯芒拒绝了下一个总统任期。5月，在总统大选中，奥尔塔当选总统，古斯芒获得了议会选举的胜利并当选总理。这届领导人面临着被暗杀或袭击的危险。2008年2月，奥尔塔遇袭受重伤，古斯芒总理也遭遇到持枪袭击事件，但未受伤。2011年3月，联合国将自2006年起拥有的警察部队的业务控制权移交给东帝汶当局。联合国宣布于2012年12月31日结束其维持和平任务。2012年3月东帝汶开始了第三届总统大选，塔乌尔·马坦·鲁瓦克（Taur Matan Ruak）获胜当选，古斯芒领导的东帝汶全国重建大会党在议会选举中击败东帝汶独立革命阵线，但未获得多数席位，联合政府执政，古斯芒任总理。2015年2月，鲁伊·马里亚·德·阿劳若（Rui Maria de Araujo）领导的东帝汶独立革命阵线和古斯芒领导的东帝汶全国重建大会党组成联合政府，古斯芒辞去总理一职，鲁伊·马里亚·德·阿劳若成为新一任东帝汶总理。2017年1月31日，东帝汶成为联合国教科文组织《世界遗产公约》的缔约国。2017年3月，东帝汶举行总统选举，革阵主席费朗西斯科·古特雷斯·卢奥洛（Francisco Guterres Lu-Olo）当选第四任总统。2018年1月，东帝汶议会未通过新政府预算案，卢奥洛宣布解散议会，提前议会选举。同年5月，东帝汶议会进行新一次议会选举，反对党联盟获胜，塔乌尔·马坦·鲁瓦克在议会选举中赢得了议会多数席位后宣誓就任总理。

第四节 著名历史人物

一 民族英雄和政治家

夏纳纳·古斯芒（1946～ ） 东帝汶独立后的第一任总统、第四任总理。他被尊称为"东帝汶国父""亚洲曼德拉"。古斯芒于1946年6月20日生于马纳图托镇（Manaututo）。父母是教师，他在9名兄弟姐妹中排名第2。他曾在达勒一所耶稣会神学院就读4年，因没有被委任为神父而

东帝汶

离开。1974年,古斯芒从葡萄牙著名诗人贾梅士的史诗《葡国魂》中得到启发,创作了一首诗歌,并获得东帝汶诗歌创作奖。1974年底,他移居澳大利亚,参与东帝汶的独立斗争。1975年11月,他离开澳大利亚,在印尼占领东帝汶前一周回到东帝汶。印尼占领东帝汶后,他参加了东帝汶独立革命阵线。1978年12月革阵领导人尼古拉·洛巴托(Nicolau Lobato)去世,古斯芒成为实际上的领导人。1981年,古斯芒组织召开革阵第一次全国大会,他本人当选为革阵领导人和东帝汶民族解放军司令。80年代中期,由于革阵内部立场分歧,古斯芒离开了革阵,支持其他东帝汶中间派联盟。1992年11月,古斯芒被印尼军警逮捕,雅加达一所法庭在1993年判他终身监禁,但后改判监禁20年。古斯芒在狱中专心研究抵抗印尼政府之策,遥控东帝汶的武装斗争,同时学习英语、印尼语和法律。1998年4月,海外东帝汶大会推选古斯芒为抵抗运动领袖和帝汶抵抗运动全国委员会主席。1999年9月7日,他被印尼总统哈比比特赦,并成为帝汶抵抗运动全国委员会主席。特赦后,古斯芒在2002年5月20日之前一直担任联合国东帝汶过渡行政当局高级职务,继续为东帝汶的团结与和平而努力。2002年5月20日,古斯芒当选为东帝汶独立后的首位总统。2007年8月8日,他成为东帝汶总理。由于古斯芒为和平解决东帝汶问题做出了不懈努力,人们把他与南非的曼德拉相提并论,称他是"东帝汶希望的象征"。

拉莫斯·奥尔塔(1949~) 东帝汶著名政治家,也是东帝汶独立后的第二任总统。奥尔塔于1949年12月26日出生于帝力,他的母亲是东帝汶人,父亲是葡萄牙萨拉查独裁统治时期流亡到葡属帝汶的葡萄牙人。1969年,奥尔塔成为东帝汶当地电台和电视台的记者。当时的东帝汶还是葡萄牙的殖民地,奥尔塔积极参与东帝汶独立运动,1970年至1971年被葡萄牙当局流放到莫桑比克。东帝汶独立革命阵线于1975年11月28日单方面宣布东帝汶独立,成立东帝汶民主共和国,奥尔塔被任命为外交新闻部长。奥尔塔是东帝汶独立革命阵线的创始人之一及前成员。他在1975年至1999年印度尼西亚占领东帝汶期间,一直从事东帝汶独立运动。他虽然长期在东帝汶独立革命阵线工作,但是在1988年退出了这一党派,成为独立的政治家。1996年，奥尔塔与贝洛大主教一起获得诺贝尔和平奖。1998年4月被海外东帝汶人大会推选为帝汶抵抗运动全国委员会副主席，继续担任夏纳纳·古斯芒的私人代表。奥尔塔坚称东帝汶人民享有自决权，多年坚持向联合国安理会、联合国大会、联合国非殖民化特别委员会、联合国人权委员会、欧洲议会等提交东帝汶问题，呼吁尊重东帝汶人权。奥尔塔与国际媒体接触很多，与世界其他国家的人权组织关系密切。奥尔塔一直流亡在海外，印尼占领东帝汶后，他在美国生活了15年。1999年8月30日东帝汶全民公决后，局势急剧恶化，奥尔塔在国外发动强大的政治攻势，呼吁国际社会对亲印尼武装分子的恐怖活动采取严厉措施，要求联合国对在东帝汶进行屠杀、抢劫和大规模清洗活动的人绳之以法。2002年东帝汶正式宣布独立后，奥尔塔便成为该国第一任外交部长。2006年6月26日，阿尔卡蒂里总理在一次政治骚乱中辞职，随后奥尔塔被总统古斯芒任命为东帝汶第二任总理。

二 思想家和哲学家

贝洛大主教 卡洛斯·菲利普·西门内斯·贝洛（Carlos Filipe Ximenes Belo），东帝汶著名的思想家、哲学家、宗教活动家。1948年2月生于东帝汶的瓦拉卡马（Wailakama）。他的童年在包考和奥苏的天主教学校度过，1968年毕业于达雷（Dare）初级神学院。1969~1981年，他在葡萄牙和意大利罗马学习哲学和神学，后成为一名神甫。1981年返回东帝汶，先在法图马卡（Fatumaca）学院当教师，后任院长。1983年被梵蒂冈任命为帝力教区教徒主管，直接对教皇负责，1986年被任命为大主教。天主教作为印尼占领期间东帝汶与外界沟通的唯一渠道，在东帝汶社会起着十分重要和独特的作用。贝洛大主教向外界通报信息，与国际社会建立起广泛联系。1989年，他向葡萄牙总统、罗马教皇、联合国秘书长致信，呼吁国际社会支持东帝汶通过全民公决决定东帝汶的未来，向东帝汶人民提供国际援助。随着天主教教徒的增多，贝洛设法增设教堂，鼓励东帝汶人使用当地的德顿语和葡萄牙语，以抵制印尼政府的同化政策。印尼政府改变对东帝汶的政策后，贝洛支持东帝汶通过全民公决决定其去留。由于他

东帝汶

与国际社会的广泛联系，他在和平解决东帝汶问题的进程中发挥着不可替代的作用。他与包考大主教出面成立东帝汶和解委员会，同对立的两派对话，呼吁各派放下武器，为东帝汶创造和平的环境。1996年10月，贝洛大主教和奥尔塔一同获得诺贝尔和平奖。

第三章
政　治

第一节　宪法

一　宪法的制定

在东帝汶建国之前,东帝汶人就开始制定了自己的宪法。2002年3月22日,东帝汶制宪议会通过并颁布《东帝汶民主共和国宪法》(简称《东帝汶宪法》),规定东帝汶民主共和国是享有主权、独立、统一的民主法治国家,国民议会、政府和法院是国家权力机构。总统是国家元首和武装部队的最高统帅,由全民直接选举产生。

二　宪法的主要内容

《东帝汶宪法》于2002年3月22日通过,并于5月20日起实施,由序言、正文两部分组成。正文部分共分为7编,共170条。其中第二编包括三章、第三编包括六章、第四编包括两章、第六编包括两章。

宪法"序言"说明了东帝汶的建国史、制宪过程、国家的法治基础等方面的内容。声明:"建立在法治基础上的国家,尊重宪法、法律民主选举制度毫无疑问构成了国家的基石,完全有必要建设一种适合于本国的民主和制度文化,诠释东帝汶人民对上帝的深切情感、渴望和信仰。""反对一切暴政和压迫,抵制对社会、文化或宗教的控制和隔离,捍卫国家独立,尊重并保障人权和公民的基本权利,确保国家机构权力分立,确立基本的

多党民主，努力建设公正、繁荣的国家，促进社会团结和友爱。"

宪法第一编即"基本原则"。这部分规定了共和国、主权和合宪性、国籍、领土、地方分权、政府宗旨、普选权和多党制、国际关系、国际法、团结、对反抗外国侵略的承认、政教关系、官方语言、国家标志以及国旗。

宪法第二编包括三章。在第二编中，第一章"基本原则"，对普遍的平等、男女平等、儿童保护、青年人、老年公民、海外东帝汶公民基本权利解释、限制立法、国家非常态例外情况、诉权、廉政专员、反抗权和自卫权做了规定。第二章"个人权利、自由和保障"，对生命权、个人自由权、安全权和人格尊严、刑法适用、判刑和监禁限制、人身保护令、刑事程序保障权、引渡和驱逐出境、名誉权和隐私权、保护个人信息、婚姻、家庭和生育、言论自由和信息自由、集会示威自由、结社自由、迁徙自由、良心自由、宗教自由和崇拜自由、政治参与权、选举权、请愿权、主权保护等内容做了规定。第三章"经济、社会、文化权利和义务"，对劳动权、罢工权和禁止关闭工厂、工会自由、消费者权利、私有财产权、纳税义务、社会安全和社会救助、健康权、住房权、教育和文化、知识产权和环境权等方面的内容做了规定。

宪法第三编即"政权组织"。其中，第一章"基本原则"，对政治权力的来源和行使、任期有限原则、选举、全民公投、主权机构、排他性原则、分权原则、政党与反对权、行政组织、地方政府、立法和决议的公开等方面的内容做了规定。第二章"共和国总统"，包括三节。第一节"地位、选举和任命"，对总统的定义、任职资格、选举、宣誓就职、禁止兼职、刑事责任和宪法义务、缺席、死亡、辞职或永久失去行为能力、例外情形、代替和临时就职做了规定；第二节"权限"，对总统的权限、与其他部门有关的权限、国际关系方面的权限、颁布和否决，共和国临时总统享有的权力等方面的内容做了规定；第三节"政务院"，对政务院及其权限、组织和运作做了规定。第三章"国会"，包括四节。第一节"地位和选举"，规定了国会的定义、选举和组成、豁免等方面的内容；第二节"权限"，规定了国会的权限、立法授权、立法提议、国家的立法审查等方面的内容；第三节"组织和运作"，规定了立法任期、解散、政府阁员的出席等方面的内容；第四节"常务委员会"，对国会的常务委员会做了规定。第四章"政府"，包括三节。第一节"定义和结构"，规定了政府的定义、组成、部长委员会等方面的内容；第二节"产生和职责"，规定了任命、政府职责、政府规划、政府规则的审议、信任投票、不信任投票、政府解散、政府阁员的刑事责任、政府阁员的豁免权等方面的内容；第三节"权限"，规定了政府权限、部长委员会的权限、政府阁员的权限等方面的内容。第五章"法院"，包括三节。第一节"法院和法官"，规定了司法权、独立、违宪审查、法官、法院类别、最高法院、运作和组成、任职资格、司法高等委员会、高等行政、税务和审计法院、军事法院和庭审等方面的内容；第二节"公诉人"，规定了职责和地位、检察院、高等公诉委员会等方面的内容；第三节"律师"，规定了律师和律师活动的保障等方面的内容。第六章"公共行政"，对公共行政的一般原则做了规定。

宪法第四编即"经济和财政组织"，包括两章内容。第一章"基本原则"，规定了经济组织、自然资源、投资和土地等方面的内容。第二章"财政和税收制度"，规定了财政制度、中央银行、税收体制、国家预算等方面的内容。

宪法第五编即"国防安全"，规定了国防、警察与保卫力量、最高国防与安全委员会等方面内容。

宪法第六编即"宪法保障与修改"，包括两章内容。第一章"宪法保障"，规定了合宪性事先审查、合宪性的概括性审查、立法不作为的违法审查、合宪性诉讼、最高法院的判决等方面的内容。第二章"立法修改"，规定了修宪的提出和时限、批准和公布、修改限制、修改时间限制等方面的内容。

宪法第七编即"最终条款与过渡条款"，规定了条约、协定和盟约、工作语言、重罪、违法动用资产、和解、过渡司法组织、最高法院过渡期间的权限、以前存在的法律、国歌、制宪议会的转变、二次过渡政府、2002年的总统选举和宪法实施等方面的内容。

三 宪法的修订

（一）修宪案的提出

《东帝汶宪法》规定，修改宪法的提案权属于国民议会议员及国民议会中的团体。只有在上一次修改宪法的法律公布之日起6年后，国民议会才可以对宪法进行再次修改；国民议会可以在行使全权的会议上，以4/5以上的多数同意修改宪法，而不受宪法时间间隔的限制。修改宪法只有在修宪案提交120日后，国民议会才能够进行辩论；任何其他修改宪法的提议，都必须在修宪案提交30日后才可以提交。

（二）修宪案的批准和签署

宪法修正案的批准需要获得在国民议会行使全权的会议上的2/3以上的多数议员的支持才能通过；同时，根据新宪法，需要进行修改的法律也应当一起公布。

（三）不得修改的内容

《东帝汶宪法》规定了不得修改的事项包括：①国家独立统一；②公民权利、自由与保障；③共和制政体；④权力分立；⑤法院独立；⑥多党制以及民主反对党的权利；⑦自由、普遍、直接、秘密投票及定期选举主权机关官员的制度、比例代表制；⑧行政的非集权化与地方分权原则；⑨国旗；⑩宣布国家独立的日期。

《东帝汶宪法》还规定，对于共和制政体、国旗等内容可以通过全民公决的方式加以修改；当国家处于戒严状态或紧急状态时，任何修改宪法的程序必须停止。

第二节 国家元首

一 国家元首的称谓及其地位、性质

总统是东帝汶民主共和国的国家元首，是国家独立、统一及民主制度架构有序运行的执行者和保证者，是国家武装部队的最高统帅。

《东帝汶宪法》规定,总统由普选产生,一届任期为 5 年,最多只能担任两届,前任总统在新任当选总统宣誓就职后停止履行职责。

东帝汶总统的作用和权力有限。尽管总统具有批准或否决法律、条约、任命重要官员的权力,但总体来看其权力有限。根据《东帝汶宪法》,由多数党或多数联盟的领导人担任总理,另外,在总统任命最高法院院长时,该人选须具备法律规定的资格。因此,总统的任命并非随心所欲。

表 3-1 独立以来东帝汶历任总统

姓名	出生年份	代表党派	任期
夏纳纳·古斯芒	1944	独立参选	2002.5.20~2007.5.20
若泽·拉莫斯·奥尔塔	1949	独立参选	2007.5.20~2012.5.20
塔乌尔·马坦·鲁瓦克	1956	独立参选	2012.5.20~2017.5.20
弗朗西斯科·古特雷斯·卢奥洛	1954	东帝汶独立革命阵线	2017.5.20 至今

二 国家元首的产生

根据《东帝汶宪法》,总统产生的方式包括普遍、自由、直接、秘密投票以及选民亲自参加选举等。获得有包括空白票在内的有效选票的多数票者当选。若在选举中没有获得超过半数的有效选票,那么应当在首次选举后的 30 日内进行次轮选举。只有在首轮选举中得票数最高的两位候选人才有权进入到次轮选举。

三 当选国家元首候选人的条件

《东帝汶宪法》规定了公民当选总统候选人的条件,包括以下方面:①具有东帝汶共和国的原始国籍;②年龄在 35 岁及以上;③具有完全行为能力;④获得至少 5000 名选民的提名。

四 国家元首的职权与特权

《东帝汶宪法》对总统的职权做了明确的规定,具体说来,可以分为

独享职权、共享职权和外交职权。此外总统还享有特权。

（一）独享职权

总统的独享职权，是指《东帝汶宪法》规定的专属于总统并由总统独立享有和行使的职权，具体包括：①签署法律、公布国民议会批准的协定以及签署国际条约的职权；②行使本质上属于武装部队最高统帅的职权；③在收到法案之后的30日之内对其进行否决的职权；④任命总理并主持总理宣誓仪式的权力；⑤要求最高法院对法律规范进行预防性评估，对其合法性进行抽象审查，对不作为行为做出违宪宣告；⑥将与其他机关相关的职权事项提交全民进行公决的权力；⑦在向政府咨询后，发布赦免令和减刑令的职权；⑧法律规定的其他职权。

（二）共享职权

总统的共享职权，是指根据《东帝汶宪法》总统与其他国家机关联合享有和行使的职权，包括：①担任最高国防与安全委员会主席；②担任国务委员会主席；③根据法律确定总统选举和议会选举日期的权力；④根据国家利益的迫切需要，召开国民议会特别会议的职权；⑤发表国情咨文的职权；⑥在出现严重制度危机，妨碍政府的组成或预算的批准超过60天的情况下，在向占有议会议席的各政党、国务委员咨询并在考虑关于国会解散的情形下，解除议会的权力；⑦在议会两次拒绝其施政计划后解散政府以及将总理免职的职权；⑧任命总理及政府成员的权力；⑨任命最高国防与安全委员会两名成员的权力；⑩任命最高法院院长，主持高等行政、税务和审计法院院长的宣誓仪式的权力；⑪任命总检察长与任命和罢免副总检察长的职权；⑫任命防卫部队全体会议总长、防卫部队全体会议副总长及防卫部队全体会议成员的权力；⑬任命4名国务委员会成员的权力；⑭任命1名高等司法委员会成员以及1名高等公共检查委员会成员。

（三）外交职权

总统的外交职权，是指《东帝汶宪法》规定的总统享有和行使的在与其他国家、国际组织交流时的职权，具体包括：①在国家实际遭到或可能遭到侵略时，在政府的建议下，并在咨询最高国防与安全委员会后，根据国民议会或国民议会常设委员会的授权，宣布战争或和平的权力；②根据政府的提议，任命或罢免大使、常设外交代表的权力；③接受资格证明及接受外国使节的权力；④在咨询政府之后，就履行国防与安全方面的协议进行任何谈判程序的权力。

（四）总统的特权

《东帝汶宪法》规定，总统在行使职权时享有豁免权。总统在行使职权期间，只有严重违反宪法义务并进一步构成犯罪的，才接受最高法院的讯问。对总统的有罪判决会使得总统失去职位以及再次当选的资格。对于总统在非履行职责过程中的犯罪，最高法院有权对总统进行讯问，总统只有在被判处入狱及以上刑罚时才能被免职。

第三节 议会制度

一 议会的性质及组成

东帝汶议会，又称国民议会，是最高立法机关和权力机关，实行一院制。议员代表全体公民行使制定法律、监督政府和进行政治决策权，每届任期5年。国民议会最少由52名、最多由65名议员组成，全部由选民直接选举产生。

表3-2 东帝汶自独立以来国民议会的历任议长名单

姓名	出生年份	代表党派	任期
弗朗西斯科·古特雷斯·卢奥洛	1954	东帝汶独立革命阵线	2002.5~2007.7
费尔兰多·德·阿劳霍	1963	民主党	2007.8~2012.7
维森特·古特雷斯	1956	东帝汶全国重建大公党	2012.8~2016
阿德里托·雨果·达·科斯塔	1968	东帝汶全国重建大会党	2016~2017.8
阿尼赛托·古特雷斯·洛佩斯	1967	东帝汶独立革命阵线	2017.9~2018.4
阿鲁姆·诺亚·达·科斯塔·阿马拉尔	1955	东帝汶全国重建大会党	2018.5至今

二　国民议会的职权

东帝汶国民议会的职能是代表全体公民行使制定法律、监督政府和进行政治决策。

立法是国民议会的首要职能。包括制定基本法律和内外政策、涉及领土及领海的边界、国家的象征、选举法和全民投票制度、政党和社团、教育体系、社会保障制度、宣布戒严和紧急状态、国防和安全政策、税收政策和预算制度等重要领域的立法。

除立法事项之外，国民议会有权授予政府制定部分法律的权力。根据《东帝汶宪法》的规定，国民议会能够授权政府制定法律，包括下列事项：界定犯罪、刑罚、保安措施以及各自的前提性要求；规定民事和刑事诉讼程序；规定司法组织和法院及法官的地位；有关公民服务的一般规则和组织；公务员的地位；货币制度；银行和财政制度；公民义务或军事上的义务；规定基于公共利益的需要对产品和石油进行的干预、征收、国有化、私有化的方式及途径等。

在监督政府方面，国民议会有权审议国家计划和预算执行情况的报告，监督执行国家预算，核准终止协议和批准国际条约和公约，实行大赦等。

三　国民议会的会议规则

《东帝汶宪法》规定，国民议会由5次立法会议构成，每次立法会议的持续时间为1年。召开国民议会的会议通常由议长召集，在常设委员会认为必要时或者在总统为针对特别事项发表演说或发布通知后，经1/3以上的国民议会议员的提议，国民议会议长应召集国民议员开会。但是，若国民议会被解散，新选举产生的国民议会应开始新一届议会的任期，并且应增加该届议会的任期。

此外，《东帝汶宪法》还规定了三种不能解散国民议会的情形，包括：国民议会在选举后的半年内不得被解散、在总统任期的前6个月内不得被解散、国家处于戒严状态时也不得被解散。

四 立法程序

根据《东帝汶宪法》,立法的程序包括议案的提出、法律案的通过以及总统的确认或否决三方面。

（一）议案的提出

《东帝汶宪法》声明,议会议员、议会团体和政府都拥有立法提案权。此外,《东帝汶宪法》还在以下方面对立法方案的范围做了界定：①在任一财政年度内,不得提出任何包括导致预算或批准的预算支出增加或收入减少内容的法案、草案或修正案；②如果一个法案或草案已被某一届议会拒绝,则在该届议会期间,不得再次提交审议；③在某一届国民议会期间未被表决的法案或草案,除非是由于该届国民议会任期届满,否则不需要向下一届议会提交；④如果议会解散,则立法草案失效。

（二）法律案的通过

《东帝汶宪法》规定,除政府行使其专有立法权通过的法规之外的规范,为了终止该规范的效力或为对其进行修正,在该规范公布之后的30天之内（国民议会暂停职能的时间不在此期间）,经过1/5以上的国民议会议员的申请,可以提交国民议会进行审议。

在做出审议之前,国民议会有权暂停某一立法的全部或部分实施。若国民议会在举行10次全体会议后还无法做出决定,则暂停实施的决定将失效。若终止其合法性的决定获得支持,则该终止决议在官方公报上公布之日起,该立法将不再有效,在下一次立法会议上不再公布。

（三）总统的确认或否决

《东帝汶宪法》规定,总统在收到国民议会通过并向其提交签署的法案后30天内,可以签署或否决它。在有充分理由的情况下行使否决权时,总统应向国民议会提出对该法案重新审议的要求。如果国民议会在行使全权的90天内以绝对多数支持票重新通过该法案,则总统应在收到该法案后的8天内签署。总统应在收到政府提交签署的法案后的40天内签署法令,或以向政府送达文书的方式行使否决权,并附有行使否决权的理由。

第四节 行政制度

一 政府的地位和构成

(一) 地位

《东帝汶宪法》规定,政府是负责管理和执行一般政策的权力机关,是国家最高行政机关,行使行政权力。

(二) 构成

东帝汶政府的构成包括总理、部长和国务秘书,这些成员均向总统和国民议会负责。总理是政府首脑,由议会选举中得票数最高的政党或占议会多数的政党联盟提名,并由总统任命。总理提名各部部长及国务秘书,这些官员也由总统任命。政府管理和执行内外政策,并对总统和国民议会负责。部长会议主席团协助总理的工作。

二 政府的职权

《东帝汶宪法》规定了政府在各个方面的职权,具体来讲包括两类,即政府的独立职权和政府的共享职权。

(一) 政府的独立职权

政府的独立职权,是指《东帝汶宪法》规定的政府独自享有和行使的职权,内容如下。

①制定国家的一般政策,以及在国民议会的批准下执行该项政策的职权;②保障公民基本权利和自由行使的权力;③维护公共秩序和社会纪律的职权;④制定国家规划和国家预算,在获得国民议会的批准后执行国家规划和国家预算的权力;⑤规制经济部门和社会主体行为的职权;⑥准备并谈判条约和协定,加入、批准、继承及废除不属于由国民议会和总统决定加入、批准、继承及宣布废除的国际条约的权力;⑦制定和执行国家外交政策的权力;⑧保证国家对外关系中具有代表者的职权;⑨引导国家经济和社会部门的权力;⑩引导国家劳工和社会保障政策的权力;⑪保障国

家公共土地统一、国有财产安全的权力；⑫领导与协调各部门和部长理事会负责的其他机构工作的权力；⑬促进合作社的发展以及支持家庭生产的权力；⑭鼓励民营企业的原创精神；⑮采取措施以及必要的安排以促进经济和社会的发展，满足人民需要的权力；⑯行使宪法赋予其他方面的权力。

（二）政府的共享职权

政府的共享职权是指《东帝汶宪法》赋予政府的与其他国家机关相关的职权，包括：①向国民议会提交提案及决议草案的权力；②向总统提出宣布战争与和平状态、戒严或紧急状态的建议的权力；③向总统提出举行全民公决、任命外交官、常设代表及特别使节的建议的权力。

第五节　司法制度

东帝汶的司法机构包括审判机关和检察机关，审判机关包括最高法院和高等司法委员会等机构，检察机关则指东帝汶总检察院。

一　审判机关及审判权的归属

《东帝汶宪法》规定了国家司法制度的基本构架和原则，规定法院代表人民行使司法权，独立于行政权和立法权之外，仅对宪法和法律负责，法院判决的效力高于其他机关的各式决定。《东帝汶宪法》规定，司法权归属于按照法律规定设置的法官。在履职和行使权力时，法官独立于其他官员，只服从于宪法、法律和本人的良心。

二　审判机关的组织构成

东帝汶的审判机关体系由最高法院及其他法院，行政、税务和审计高等法院及其他初审行政法院和军事法院等组成。另外，还包括海事法院和仲裁法院，但禁止设置其他法院，不得设置特别法院。

（一）最高法院

最高法院是东帝汶级别最高的法院，是实施法律的保证，管辖全国范

围内的司法事务。最高法院的长官是最高法院院长,由总统任命,任期4年。最高法院的组织人员由职业法官、公共检查法官或法学家组成。

最高法院的职权按照行使范围的标准,可以分为一般司法职权、违宪审查权和关于选举的职权。最高法院的一般司法职权包括:①最高法院的各组成部分在特定情况下可作为一审法院;②在个别情况下,最高法院的整体作为唯一的二审法院。违宪审查权包括:①对国家机关制定的规范性文件及立法文件的违宪性、违法性进行审查之后做出最后宣告;②提前确认法令以及全民公决的合法性与合宪性;③确认不作为行为导致的违宪情况;④作为上诉法院,对一审法院针对一项规范做出的违宪性判决做出上诉判决;⑤证明组织政党及其他团体的合法性,命令政党进行登记或解散;⑥行使宪法与法律赋予的其他权力。关于选举的职权包括:①对总统候选人是否符合法律规定的条件进行确认;②按照相应法律的规定,在选举过程的最后阶段对选举行为的合法性进行确认;③确认和宣布选举结果。

(二) 高等司法委员会

依据《东帝汶宪法》,高等司法委员会是对法官的管理及惩戒机构,负责法官的任命、分配、转任及升迁。在组织构成方面,高等司法委员会由最高法院院长主持。在其组成人员中,由总统任命1名,由国民议会选举1名,由政府任命1名,由法官从同行中选举1名。

三 检察机关

在东帝汶,检察院系统的最高机关是东帝汶总检察院。总检察院的首席长官是总检察长,由总统任命,任期6年,对总统负责,每年要向东帝汶国民议会报告工作。在职责方面,检察官代表国家,通过提起刑事指控,保障未成年人、缺席人员及残疾人的合法权利,捍卫民主与法治,进而保障法律的实施和执行。在检察机关的组织构成方面,总检察长办公室是检察官的最高机构,总检察长对其直接领导。此外,为了保证检察工作的有序进行,设立高等检察委员会,在总检察长的领导下,按照宪法和法律开展工作,委员会组成人员包括总统任命1名,国民议会选举1名,政

第三章 政 治

府任命 1 名，由检察官从同行中选举 1 名。《东帝汶宪法》规定，在三个实际个案当中被判决违宪的法律，总检察长应当要求最高法院做出具有普遍约束力的宣告，确认此项法律违宪。

第六节 主要政党

2004 年东帝汶颁布了《政党法》，要求所有政党必须在司法部登记注册，以合法的身份参加到选举中。目前有 26 个注册政党。2012 年，有 24 个政党参加到议会选举中。在这 26 个注册政党中，在全国范围内影响力较强、人数较多的包括以下政党及政党联盟。

东帝汶全国重建大会党（Congresso National de Reconstrucao Timorense/National Congress of Timor Leste Reconstruction，简称大会党，CNRT）大会党由东帝汶前总统夏纳纳创建，创建于 2007 年 3 月 27 日。该党自称有党员 20 万人，成员主要包括前帝汶抵抗运动全国委员会成员、其他中小政党前领导与骨干人员以及夏纳纳的追随者。该党主张改革与创新，鼓励民众广泛参与国家重大决策。重视国家经济恢复和发展，提倡权力下放，鼓励采取更加开放、灵活的经济政策。此外，还提倡政治清明和司法公正。党主席为夏纳纳，总书记为旅游文化与艺术部前部长黎发芳。

东帝汶独立革命阵线（Revolutionary Front of Independent East Timor，简称革阵，葡萄牙文简称为 FRETILIN）革阵是一个由多个政党组成的政党联盟，于 1974 年 5 月 20 日成立，是东帝汶最早的政党之一。原名帝汶社会民主协会，于同年 9 月 11 日改为现名。革阵由国家统一党、共和党、民主联盟、基督教民主党、帝汶民主党、帝汶社会党、帝汶民主联盟、民主千年党等政党组建而成。

1975 年，革阵单方面宣布东帝汶民主共和国成立。同年 12 月 7 日，印尼占领东帝汶后，革阵部分成员流亡海外，其余则在国内坚持抵抗斗争。1999 年东帝汶启动独立进程后，革阵重新整合，提出恢复民主独立、巩固民族团结，建立多党制民主法治国家等主张，获得国内的广泛支持，并赢得2001年8月制宪议会选举。2002年组建以该党为主的首届政府，总书记阿尔卡蒂里出任总理。党主席为卢奥洛，总书记为阿尔卡蒂里。

民主党（Partido Demoratico/Democratic Party，PD） 民主党成立于2001年6月10日，是一个由帝汶社会民主协会和社会民主党组成的政党联盟。民主党的主要成员及骨干为青年学生和知识界人士，主张在民主法制的基础上团结和发展国家，实现社会多元、公正和自由，提高人民生活水平。此外还主张东帝汶在民主原则的基础上建立新的国家和公正、自由的社会。民主党现为议会第三大党。党主席为马里阿诺·阿萨纳米·萨比诺，总书记为安东尼奥·德·孔塞桑。

革新阵线于2011年7月19日成立，前身为革阵革新派。主要领导人为原革阵党员，成员多为青年人。主张改革开放，注重团结党员，为党员谋利益。现为议会第四大党。党主席为迪奥尼西奥·巴博·苏亚雷斯，总书记为若热·达·孔塞桑·特梅。

帝汶社会民主协会（Timorese Social Democratic Association，简称社民协会，ASDT） 社民协会的最初创建于1974年，是革阵的前身，后来因政见不合于2001年5月20日独立成党。该党主张将民主、人权、经济发展作为党纲三大支柱，也主张将东帝汶建成多党民主、政教分离的法治国家。党主席为弗朗西斯科·沙维埃尔·多·阿马拉尔。

帝汶抵抗运动全国民主联盟（Unidada Nacional Democratica da Reisitencia Timorence，UNDERTIM） 该联盟于2005年8月30日成立，其前身是抵抗运动老战士组织（UNAQMERTIL）。有支持国家对市场进行选择性干预，推广德顿语，让民族解放老战士在国防军中担任指挥官，成立独立的反腐败机构，建立土地和财产法庭等主张。党主席科尔内留斯·伽马，总书记弗朗西斯卡·卢贝尔拉里·古特雷斯。2007年议会选举中获2个议席。

社会民主党（Partido Social Democrata/Social Democrat Party，PSD） 社会民主党成立于2000年9月20日。该党主张在东帝汶建立以自由、平等、团结的民主价值观和东帝汶传统民主价值观为基础的社会；建立

第三章 政 治

多党民主、政教分离的法治国家。社会民主党是中间立场的政党，支持将葡萄牙语和德顿语并列为官方语言，提倡优先加入东盟和葡语国家共同体。党主席为马里奥·维埃加斯·卡拉斯卡朗。2007年议会选举中获6个席位。

第四章

经　　济

第一节　经济发展概述

一　独立前经济发展状况

一直以来，东帝汶的经济是以自然资源为基础的。农业是东帝汶重要的经济支柱，但其农业发展在葡萄牙和印度尼西亚统治期间被忽视。当檀香木资源耗尽时，其他产品如咖啡、天然橡胶等开始成为东帝汶优先出口的产品。1975 年葡萄牙殖民政府离开时，东帝汶大部分地区仍然以自给自足的农业为主。在葡萄牙殖民时期，葡萄牙殖民政府让海洋勘探公司开发东帝汶的矿产资源。1976 年，印尼占领东帝汶。1989 年，印度尼西亚和澳大利亚签订《帝汶缺口条约》(*Timor Gap Treaty*)，印澳分割了帝汶岛的石油和天然气资源。该条约就葡属东帝汶在 1972 年海洋边界划定中留下的"空白"制定了印澳联合开采海底资源的准则，规定该地区的收益两国各享 50%。1992 年，澳大利亚伍德赛德石油公司（Woodside Petroleum Ltd.）和美国康菲石油公司（ConocoPhillips）分别代表澳、印两国政府开始开发该地区的资源。1999 年 10 月，印尼把东帝汶移交给联合国东帝汶过渡行政当局之后，由联合国东帝汶过渡行政当局帮助东帝汶建立国家，直到 2002 年 5 月东帝汶才真正实现独立。印尼占领后期，东帝汶的基础设施约有 70%被印度尼西亚军队和反独立民兵摧毁。自 1999 年脱离印尼以来，东帝

东帝汶

汶主要依靠外国援助和国际机构拉动当地消费,2001年GDP增长了18%,达3.87亿美元。

东帝汶独立前的经济发展状况有以下三点需要注意。首先是货币流通的问题。美元货币制度从2001年初开始实行,但总体使用情况不理想。直到2002年,印度尼西亚卢比还是欧库西等地区的主要货币。其次是农业。农业是支撑东帝汶经济发展的重要产业。石油在独立前尚未成为东帝汶财政收入来源的一部分,即使私人石油公司被迫向银行账户提供资金,这个新国家也不能从中获取收益。从近岸石油开采中获取财政收入的计划在2002年独立前还在酝酿之中。东帝汶的主要农产品是咖啡、可可、香蕉等,根据世界银行的统计,在农业生产领域,大约25%的东帝汶人以种植咖啡豆为生。但是2000年咖啡价格下跌和越南大量生产咖啡导致东帝汶的咖啡种植业遭受沉重打击。最后是外国投资问题。在印尼占领期间,东帝汶每年大约有3000万美元的国外投资,但这些投资并未用于改善东帝汶人民的福利方面。之后联合国将其预算的10%(大约6000万美元)用于这个国家,情况因此有了一些改观。虽然没有外国直接投资,这个国家很难生存下去,但东帝汶并未鼓励外国投资。

2001~2002年东帝汶预算开支分配和实际开支分配对比表(表4-1)说明东帝汶存在三个问题。首先,农业投入不足。农业产出占东帝汶经济总量的70%,但在预算开支分配中只占8%,实际开支只占11%。其次,健康问题重视不够,健康在预算开支中的占比为11%,在实际开支中的占比为9%。东帝汶婴儿和儿童死亡率约为60‰。营养不良、贫困、医疗卫生条件差是影响东帝汶国民健康的重要因素,而从开支分配中可以看出独立前的东帝汶过渡政府对健康问题较为忽视。最后,东帝汶教育项目在预算开支中的分配额是5400万美元,教育是与人力资源紧密相关的,由于长久以来对教育的疏忽,50%以上的东帝汶人是文盲,而人力资源才是经济发展的关键,这需要引起重视。

第四章 经　济

表 4-1　2001~2002 年东帝汶预算开支分配和实际开支分配对比表

单位：%

项目	预算开支分配占比	实际开支分配占比
教育、青年和文化	20	14
健康	11	9
基础设施	21	29
政府（行政）	2	11
政治	5	0
个人和社区发展	1	16
农业	8	11
司法	4	0
内部管理	7	0
国防、警察与紧急事务	6	4
其他	15	6

资料来源：世界银行。

二　独立后经济发展与成就

2002 年 5 月 20 日，东帝汶民主共和国正式成立。东帝汶民主共和国是 21 世纪第一个新生国家。东帝汶被联合国开发计划署列为亚洲最贫困国家和全球最落后的 20 个国家之一，经济上处于重建阶段。独立后国际职员大批撤离，东帝汶服务业急剧萎缩，加上旱涝灾害造成农业歉收，经济增长大幅滑坡，2003 年 GDP 为 5.434 亿美元（见图 4-1）。人民生活贫困，一些地区的居民基本上处于自然经济状态。在美国传统基金会发布的 2019 年经济自由度指数排名中，东帝汶的经济自由度得分为 44.2，全球排名第 172 位，总体得分远低于世界平均水平。独立后的东帝汶经济实现了一定程度的稳定，但结构性和体制性的缺陷，如不完善的监管环境和不发达的金融业，仍然制约着经济的发展。2014~2016 年石油收入下降，再次引发了人们对东帝汶政府支出长期可持续性的怀疑。

一直以来，东帝汶的经济以农业为主，基础设施落后，粮食不能自给，缺少工业体系和制造业基础薄弱。因此，独立后的几年，东帝汶政府

东帝汶

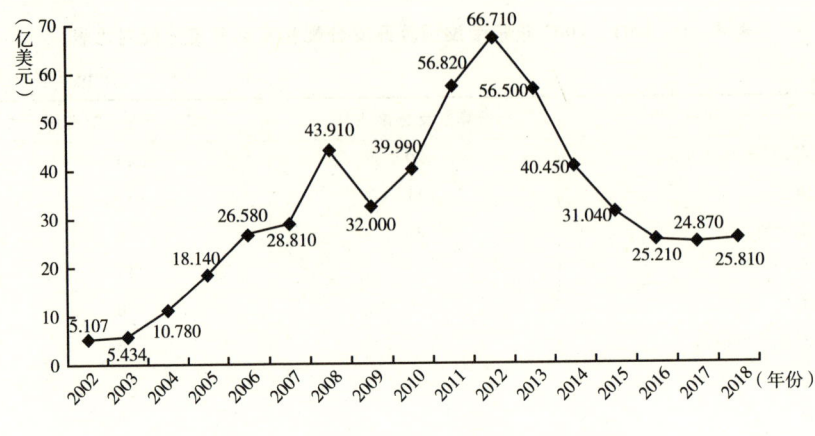

图4-1 2002~2017年东帝汶GDP总量

资料来源：世界银行。

将经济发展的重点放在基础设施重建、改善农业、开发油气资源方面，致力于推动经济的可持续发展。

经过几年的努力，东帝汶经济有所恢复。海关关税和其他税种征收体制得到实质性改善，加上国际石油价格上涨，帝汶海油气资源带来的收益大幅增加，政府的财政收入状况明显改善。2009年以来，政局较平稳，社会治安状况持续好转，在石油产业的推动下，东帝汶国民经济稳步发展。东帝汶在《2011~2030年国家发展战略规划》中提出，国家发展的长期目标是到2030年让东帝汶成为中上等收入国家。为了实现这一目标，政府大力投资基础设施和包括旅游、卫生、教育和农业在内的关键部门。

2012年，东帝汶新政府履职后，采取了积极务实的经济发展政策，国家建设步伐逐步加快，道路、机场、码头、市政、通信、农业设施等项目得以着手规划实施，为外来投资创造了更加有利的环境。2014年底，东帝汶石油基金（Timor-Leste Petroleum Fund）滚存至165亿美元。不过，随着2014年以来的油价持续下跌，东帝汶石油收入增速明显放缓。根据东帝汶政府公布的《2015年国家预算报告》，2014年东帝汶名义国内生产总值（不含石油收入）比上年增长7%。2015年，东帝汶新一届政府承诺继续实施前任政府的战略规划，向国民提供高质量的服务，打造高

44

效、负责的政府。

东帝汶重视吸引外资，力争建立较完善的法律体系以改善投资环境。建国以来，东帝汶已陆续颁布实施了《劳动法》、《国民投资法》、《外商投资法》（2011年废止）、《商业注册法》、《进出口货物检验检疫卫生法》、《矿产法》、《土地法》、《环境管理法》和《私有投资法》等一系列法律法规。

东帝汶被国际货币基金组织称为"世界上最依赖石油的经济体"。油气是东帝汶主要的收入来源。为更有效、合理、透明地使用油气资源产生的收益，惠及子孙后代，实现国家经济的可持续发展，杜绝管理不善造成的贪污腐败现象，东帝汶先后颁布实施《石油法》、《石油基金法》、《石油税收法》和《石油活动法》等法律。依据《石油基金法》，东帝汶政府参照挪威模式于2005年8月设立东帝汶石油基金，到2018年9月基金已滚存至171亿美元。石油基金几乎支付了所有的政府年度开支，从2004年的7000万美元增加到2011年的13亿美元。东帝汶政府和澳大利亚政府于2006年签订《帝汶海特定海上安排条约》，规定两国放弃海洋边界争端，东帝汶将从该地区的资源开采中获得50%的收入或200亿美元。2017年1月，东帝汶宣布终止与澳大利亚2006年签订的《帝汶海特定海上安排条约》。2009年6月、2010年10月和2011年8月，东帝汶对《石油基金法》进行了三次修改。前两次修改分别授权国际清算银行和施罗德投资管理公司管理部分石油基金，第三次修改将可用于投资美国国债以外的投资比例由10%提高至50%。目前东帝汶石油基金投资比例为：美国政府债券占74%，其他全球金融市场有价证券占26%。预计在未来20年，东帝汶油气收入将达到500亿~700亿美元。东帝汶在未来20年基础设施领域的投资额将达到100亿美元，具有潜在的市场需求。

从2007年至2016年，东帝汶通过财政政策的公共投资推动了非石油经济的增长，每年平均增长率达6.9%。2016年非石油实际GDP增长5.3%，高于2015年的4%，特别是2016年家庭消费较2015年增长了6%，这表明东帝汶民众的生活水平正在持续提高。但东帝汶国家贫困率仍居高不下，

东帝汶

如何更好地利用油气财富推动非石油经济快速增长成为现实挑战。这些挑战影响到国家经济增长,进而影响到国家预算金额。2019年东帝汶国家预算案几经波折终于通过。根据预算案,2019年东帝汶预算金额比上年同期增长5.9%,这会为东帝汶的经济发展提供充足动力。

东帝汶收入主要来自海上石油和天然气,但这其中很少用于发展仍依靠自给自足的农业和农村,近一半的农村人口生活在极端贫困之中。除了石油天然气之外,东帝汶的第二大出口商品是咖啡,咖啡每年产生200万~3000万美元的收入(见表4-2)。其中,星巴克是东帝汶咖啡的主要购买者。东帝汶2012年生产了9000吨咖啡、108吨肉桂和161吨可可,使得该国成为全球排名第40位的咖啡生产国家、第6位的肉桂生产国家和第50位的可可生产国家。

表4-2 东帝汶2002~2017咖啡和其他商品出口收入

单位:百万美元

年份	咖啡出口收入	其他出口收入	总收入
2002	2.79	15.81	18.6
2003	2.33	3.46	5.79
2004	6.89	135.11	142
2005	7.65	91.15	98.8
2006	8.74	25.96	34.7
2007	5.18	23.12	28.3
2008	12.2	145.8	158
2009	8.4	88.3	96.7
2010	14.5	52.3	66.8
2011	26.3	94.7	121
2012	11.4	571.6	583
2013	24.3	522.7	547
2014	17.8	101.2	119
2015	11.7	295.3	307
2016	16.8	41.9	58.7
2017	26.4	81.7	108.1

资料来源:The Observatory of Economic Complexity,https://atlas.media.mit.edu/en/。

东帝汶农业部门雇用了全国80%的劳动力人口。2009年，东帝汶大约有67000户家庭种植咖啡豆，其中很大一部分是贫困户。目前，咖啡豆的毛利约为每公顷120美元，劳动者每天的劳动回报约为3.7美元。

关于电信基础设施方面，东帝汶在世界经济论坛中亚洲国家的网络就绪指数（NRI）*中排倒数第2。东帝汶在2014年NRI排名中排名第141位，低于2013年的第134位。

世界经济论坛《2014～2015年全球竞争力报告》显示，东帝汶在全球最具竞争力的144个国家和地区中，排名第136位。根据世界银行《2015年全球营商环境报告》，东帝汶营商便利程度的世界排名在189个国家和地区中排名第172位。据普华永道的报告，东帝汶是葡语国家中最具税收竞争力的国家，在全球189个经济体中位居第55位，公司税负率平均为11%。

东帝汶《2011～2030年国家发展战略规划》于2010年提出，2011年6月提交国会审批通过。该规划以国家发展战略规划作为指导性原则，定位国家未来20年的经济发展方向。在加大公共领域投资方面，预计在未来20年，基础设施领域投资将达到100亿美元。该规划旨在创造更佳的方法以获取最大回报，从而推动非石油经济的发展，刺激其他经济部门的增长。以这份指导性文件作为国家发展的原则，到2030年，东帝汶将由低收入国家发展成为中等偏上收入国家。其发展战略是：推动经济自由化，提升竞争力，创建由民营经济主导的市场经济，为企业投资建厂创造条件，促进出口，鼓励投资，推进基础设施建设，创造就业机会，减少贫困，提高居民生活质量。

第二节　农林渔牧业

一　农业（种植业）

东帝汶是传统农业国家，农业是该国第一大支柱产业，农业收入占全

---

* NRI是确定一个国家的信息和通信技术发展水平的指标。

国经济总量的70%左右。农业为大约80%的劳动力人口提供生计，它也创造了东帝汶约90%的出口量。全国可耕种土地的利用率仅为20%，农业人口却占总人口的90%，2003~2009年东帝汶农业部门产值占非石油GDP的30%，到2015年农业部门产值占比降至18%。目前，东帝汶低下的生产率和低质量的农产品严重制约了农业的发展。根据东帝汶2016年统计，全国人均GDP约为1769美元，共有农户153212户，占全国总户数的78%。

土地和劳动力是农业生产不可或缺的最基本资源。充裕的土地资源使得低成本的农业投资成为可能，密集的劳动力使得农业投资企业在农业生产经营过程中获得廉价的劳动力成为可能，从而降低了生产成本。东帝汶国土面积为15007平方千米，农业用地从1965年的2300平方千米增加到2015年的3800平方千米（见图4-2）。

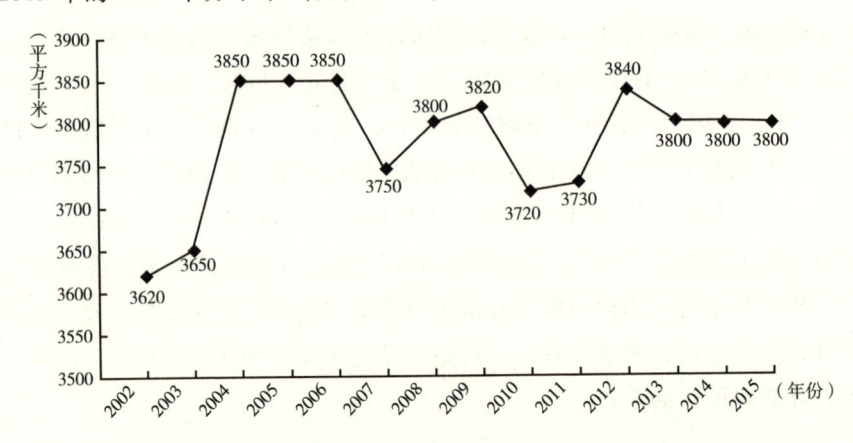

图4-2　东帝汶2002~2015年农业用地面积及变化

资料来源：联合国粮农组织，http://www.fao.org/countryprofiles/zh/。

在东南亚11国中，东帝汶的总耕地面积排第9位，人均耕地面积和农村劳动力密度均排第5位。由此可见，东帝汶虽然总耕地面积较小，但是人均耕地较为富足，农村劳动力密度也较大（见表4-3）。东帝汶农业资源丰富，可开垦耕地面积大，光照充足，水资源丰富，气候适宜，农业发展潜力巨大。但东帝汶农业基础设施薄弱、机械化程度低、种植技术落后、农民整体素质不高，生产效率低下，基本处于粗放型耕种阶段。

表4-3 东南亚各国总耕地面积、人均耕地面积及农村劳动力密度排名表

国家	总耕地面积 千公顷	排名	人均耕地面积 公顷/人	排名	农村劳动力密度 人/千公顷	排名
印度尼西亚	23500	1	0.0935	6	2105.26	6
泰国	16810	2	0.2492	2	1588.11	9
缅甸	10772	3	0.2033	4	2820.01	4
越南	6409.5	4	0.0714	7	5587.71	2
菲律宾	5590	5	0.0573	8	4342.65	3
柬埔寨	4145	6	0.2749	1	2071.51	7
老挝	1489	7	0.2263	3	1790.29	8
马来西亚	954	8	0.0324	9	1004.21	10
东帝汶	155	9	0.1313	5	2127.69	5
文莱	5	10	0.0122	10	6697.99	1
新加坡	0.6	11	0.0001	11	0	11

资料来源：联合国粮农组织，http://www.fao.org/countryprofiles/zh/。

东帝汶主要农作物有玉米、水稻、薯类等。大米和玉米的生产在东帝汶农业体系中占据主要地位。许多水稻灌溉地区的灌溉用水只有在河流的水位已经上升到灌溉系统水位的情况下才能使用。东帝汶每公顷水稻的产量与亚洲其他水稻种植国家相比仍然较低。从2002~2011年东帝汶水稻种植面积、单产量和总产量的情况来看，其变化的拐点是2006年（东帝汶发生内乱，国内局势紧张，生产生活陷入混乱），之后连续3年稻谷单产和总产量持续增加，2009年达到最高（见表4-4）。此外，东帝汶水稻品种较多较杂。官方统计的主要种植品种有Nakroma、IR64、IR54、IR36、IR8、IRS、Mamberamo、Silaun、NonaPortu、Dinas等，其中由国际水稻所选育的IR64是东帝汶种植面积最大、推广区域较广的品种（见表4-5）。

表4-4 2001~2011年东帝汶水稻种植面积、单产量及总产量

时间	面积(万公顷)	稻谷单产量(吨/公顷)	稻谷总产量(万吨)
2002年	3.50	1.53	5.36
2003年	4.36	1.50	6.54
2004年	2.30	1.52	3.50
2005年	4.00	1.47	5.88
2006年	4.50	1.23	5.54
2007年	4.00	1.51	6.04
2008年	4.56	1.76	8.03
2009年	3.90	3.10	12.09
2010年	3.65	3.09	11.28
2011年	3.56	2.76	9.83

资料来源：联合国粮农组织，http://www.fao.org/faostat/en/#country/176。

表4-5 东帝汶主要水稻种植品种及分布（2011年）

品种来源	品种名称	主要种植区	比重(%)
本地品种	Mamberamo	阿伊纳罗省,科瓦利马省,欧库西省	11.0
	Nakroma	阿伊纳罗省,包考省,博博纳罗省	13.0
外地品种	IR64	科瓦利马省,马努法伊省	13.1
	Dinas	博博纳罗省,埃尔梅拉省	13.1

资料来源：The Organization of Seeds of life (2011 Survey in Timor-Leste)。

在东帝汶，水稻和玉米是主要的粮食作物，但适合水稻生产的土地有限，适合玉米种植的山坡高地众多，玉米耕种面积约121000公顷，单产每公顷通常较低。除此之外，东帝汶种植的其他农作物还包括木薯、甘薯、芋头、芸豆、大豆、绿豆、花生和白马铃薯。几乎所有家庭都种植木薯，木薯、甘薯和芋头在大米或玉米食用完后，成为民众主要的食物来源之一。据东帝汶官方数据，东帝汶约55000公顷的土地种植木薯，而约32000公顷土地种植甘薯。

值得注意的是，东帝汶粮食作物的种植方式取决于其地形、海拔以及降雨情况。在北部低地的灌溉或雨水较多地区，一季稻或两季稻作物占主

第四章 经 济

导地位。在没有灌溉用水，地形和水文条件不允许种植水稻时，首先考虑的是种植玉米或花生，其次是木薯、甘薯或豆类。在北部坡地种植一季或两季水稻，再与玉米、木薯、甘薯和南瓜，或者与玉米、木薯、芸豆、花生以及甘薯混合种植。在北部和南部高地，种植水稻、玉米、木薯、甘薯、豆类。在南部的山坡，以种植玉米为主，其次是木薯与玉米，或者木薯、甘薯与花生混合种植。

经济作物主要有咖啡、天然橡胶、椰子等，主要在高海拔地区种植。咖啡约占非石油出口量的80%，年出口量为12500吨。据估计，东帝汶约有超过5万个家庭生产咖啡，并以此作为主要的收入来源。东帝汶咖啡的主要生产地区是阿伊纳罗省、博博纳罗省、埃尔梅拉省、利基卡省和马努法伊省，埃尔梅拉省的咖啡产量占全国咖啡总产量的50%。尽管东帝汶生产的咖啡供应量不足全球的0.2%，但其在有机咖啡生产上具有竞争优势，是世界有机咖啡的最大单一来源生产国。其生产的"帝汶杂交"（Timor Hybrid）在国际市场上被公认为高品质的有机咖啡。尽管如此，东帝汶的咖啡销售仍然受到一些制约，比如由于咖啡种植园的清洁或除草不到位以及咖啡本身品种问题，农民无法始终如一地种植高品质咖啡；咖啡价格不稳定，难以定位市场和拓宽营销渠道。东帝汶政府表示，由于有机咖啡的价格溢价，东帝汶将专注于保持其生产优质有机咖啡的地位。

东帝汶的气候土壤条件使其他有机农产品的生产和出口成为可能。椰子是东帝汶另一种重要经济作物，有创造就业机会并在国际上销售的潜力。大约40%的东帝汶家庭种植椰子树。椰子树是一种多年生植物，需要4~5年才能收获。东帝汶椰子种植园由于树龄老化产量约为565公斤/公顷，远远低于全球椰子产量标准（1500公斤/公顷）。未来，椰子加工产品在全球市场上的价值潜力不断增加。东帝汶虽然有少量椰干通过西帝汶出口到印度尼西亚，但对现有资源的增值贡献较少，未来椰子加工产品是一个发展方向。

随着国内基础设施的完善，政府对国内基础设施的投资促进了农业生产技术的进步，东帝汶的农业生产从一种维持生计的活动逐渐转变为一种商业活动。传统的农业技术正在被新一代的新兴农业技术所取代，改良的种子和适当的肥料被正确使用。以粮食安全和进口替代为目标，东帝汶政府致力于农产品的多样化，除了咖啡之外，还鼓励生产腰果、可可、肉豆蔻、椰子、香草、肉桂、木薯、玉米、芒果和园艺产品等。

东帝汶在《2011~2030年国家发展战略规划》中确定了有关农业发展的目标：①促进新的生产技术的使用，包括高产作物和储存技术；②通过培训和向农民提供技术援助，加强社区应对气候变化和人口增长的能力；③投资灌溉项目，建设水收集和存储基础设施，进行农业用途的水坝建设的可行性研究；④到2020年，至少替代生产50%的进口水果和蔬菜。

二 林业

林业在东帝汶的经济中占重要地位，但东帝汶存在森林被过度砍伐并退化的问题。对于大多数东帝汶农民来说，他们严重依赖森林资源来维持生计，树木是食物、燃料、饲料、药品和建筑材料的来源。由于反复焚烧、开垦耕地、狩猎和放牧，东帝汶大部分原始森林消失。现在的植被主要由次生林、稀树草原和草原组成。大部分土地以各种方式融入农业系统，其中一部分土地作为长期轮作农业的一部分，另一部分土地为农民提供其他生计福利。在印度尼西亚统治的20世纪90年代后期，林木成为出口商品和战略物资，森林遭到严重破坏，许多地区变成退化的灌木丛。近年大规模的森林大火使这个问题更加恶化。森林砍伐进一步导致水土流失、山体滑坡和山洪暴发，最终影响到主要流域人民的生活。森林砍伐也增加了沿海和山地地区风暴、泥石流和洪灾等自然灾害的概率。东帝汶森林面积占总土地面积的比例从1996年的60.4%逐渐下降到2015年的46.1%。东帝汶森林面积从2004年的8092平方千米下降到2015年的6860平方千米（见图4-3）。根据联合国粮农组织统计，1990~2010年，东帝汶平均每年失去了11200公顷的森林面积。总的来说，2010年与1990年相比，东帝汶的森林覆盖率减少了22.4个百分点，约224000公顷（见表4-6）。

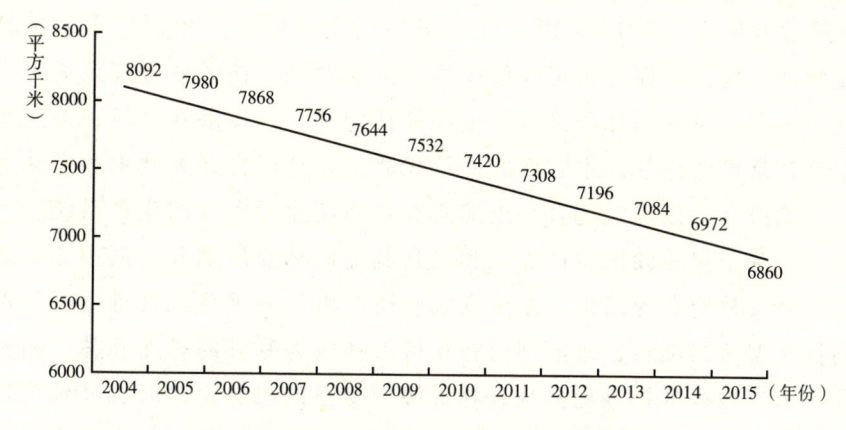

图 4-3　2004~2015 年东帝汶森林面积变化

资料来源：世界数据图谱分析平台。

表 4-6　1990~2010 年东帝汶森林覆盖率变化

	1990 年	2000 年	2005 年	2010 年
森林覆盖率（每 1000 公顷）	966	854	798	742

资料来源：联合国粮农组织。

东帝汶的香椿、檀香木有较高经济价值。除此之外，东帝汶有一些品种优良的竹子，如马来甜龙竹和拉科竹。一直以来，竹子在东帝汶有多种用途，包括编织各种竹制品、用作建材等。从生态学角度讲，竹子是非常重要的，因为它可以用来防止水土流失和土地退化。竹子一般 4~5 年就可达到成熟期，并且可收获 30~40 年。竹子是东帝汶重要的林业资源。拉科竹被称为黑帝汶，是东帝汶特有的品种，由于其审美特性，澳大利亚把拉科竹作为一种观赏性的竹子。2008 年，东帝汶政府在蒂巴（Tibar）建立了第一个竹产业中心，这是东帝汶发展竹产业的重要举措。此外，东帝汶政府制定了"国竹"发展战略，计划着手建立苗圃，培育竹苗，改善竹子的种植方法（包括竹子的病虫害管理），增强农民管理和收获竹子的能力。

为了扭转东帝汶森林资源枯竭的状况，发展可持续的林业产业，东帝汶政府在《2011~2030年国家发展战略规划》中制定了一项林业管理计划，以促进东帝汶林业的可持续发展。该计划将确定适合小规模和商业发展的林业区域，选择最佳物种，开发潜在市场，确定东帝汶在高价值热带硬木方面的比较优势，并且还将开展硬木和农林生产系统研究，以确定适合小土地所有者和商业投资者的生产系统，建立一个基于优质硬木生产加工和家具制造的林业培训和发展中心，发展东帝汶林业职业培训。东帝汶政府还提出了一项旨在促进生态环保的社区型植树项目，政府部门将支持以社区为基础的林业和林产品企业，为当地社区提供更多从森林资源中受益的机会，同时也鼓励可持续管理和保护这些资源。在社区苗圃培育檀香木、红雪松、柚木、桃花心木和红木等高价值树苗，然后，交由农民在各自的地块上种植。未来，这些树林将为锯木厂等其他行业提供木材来源，并供制造优质家具，实现产品增值。政府每年将支持在全国范围内通过社区苗圃培育100万株树苗，实现经济效益与生态效益的有机结合。

三　渔业

目前，东帝汶只有一小部分人口从事渔业和水产养殖。2015年的人口普查报告显示，1万户家庭在一定程度上从事小规模渔业。据估计，2016年参与水产养殖的家庭约3500户。2009~2015年，每年渔业的产量为3200吨，几乎完全用于国内消费。由于水产养殖发展计划的实施，淡水养殖产量在2015年已增至1556吨（见图4-4）。

东帝汶独立时，淡水孵化场、捕鱼中心/登陆点等大部分渔业基础设施被摧毁或陷入失修。自2002年独立以来，东帝汶一直在恢复水产养殖业，重点是修复四个农业与渔业部的孵化场，建立社区池塘养殖罗非鱼、鲤鱼和鲶鱼。近年来，东帝汶农业与渔业部已经修复了四个养殖罗非鱼、鲤鱼和鲶鱼种鱼的孵化场。此前，美国农业部在2010年至2015年资助了泥蟹和鱼类养殖（MCFC）项目，总预算为560万美元。该项目旨在：①增加泥蟹、遮目鱼和其他水产养殖产品的可持续生产；②形成泥蟹等水产养殖产品生产集团，加强与市场的联系；③开发和转让水产养殖孵化场给

第四章 经　济

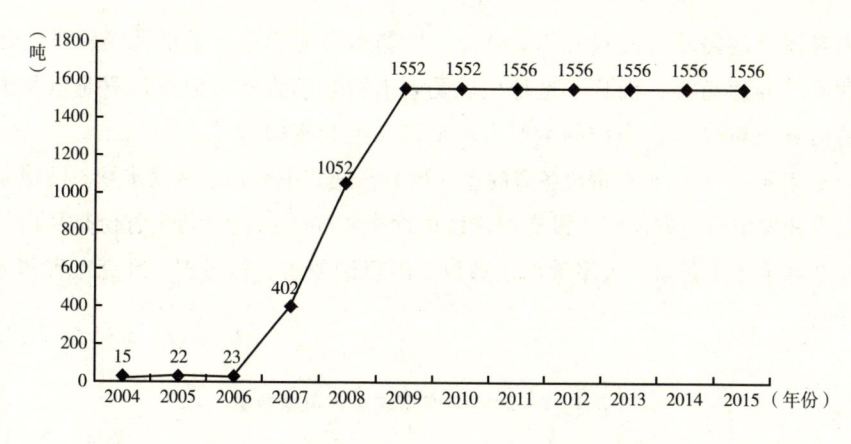

图 4 – 4　2004～2015 年东帝汶淡水养殖产量

资料来源：世界指数平台，https://www.indexmundi.com/facts/timor-leste/fisheries-production。

东帝汶农业与渔业部。但是，项目完成后，建立的泥蟹孵化场并不是可持续性使用的，因而被关闭。目前农业与渔业部的主要援助者是新西兰和挪威。新西兰资助了东帝汶水产养殖发展伙伴关系项目（400 万美元），该项目由世界渔业中心（World Fish Center）实施。挪威资助了通过钛土矿的水产养殖战胜营养不良和贫困项目（COMPACT，资助 210 万美元），由国际美慈组织实施。这两个项目覆盖了东帝汶 13 个省中的 8 个。其中，6 个省的 COMPACT 项目已于 2016 年 8 月完成。

东帝汶海岸线长约 735 千米，拥有 72000 平方千米的专属经济区海域，海洋资源丰富，有开发近海渔业的潜力。沿海和近岸水域也可以支持海藻、虾、鲍鱼、螃蟹、珍珠和牡蛎等水产养殖活动。东帝汶渔业的特点是手工捕捞沿海地区，沿海手工捕捞的量占东帝汶国内鱼类消费量的 84%，进口占东帝汶国内鱼类消费量的 15%，其余 1% 由内陆水产养殖构成。

东帝汶的咸淡水养殖主要是养鲤鱼、鲶鱼、遮目鱼、泥蟹以及罗非鱼 5 种。其中，由于缺乏可用的鱼种，鲤鱼和鲶鱼的产量有所下降。遮目鱼收集的野生鱼种的范围较小，这限制了其生产养殖规模，但东帝汶当地销售和进口数据表明消费者的需求量很大。而泥蟹生产养殖较少，据统计帝

力对泥蟹的需求每周只有300公斤。罗非鱼易于养殖,是最受养殖户欢迎的水产养殖鱼类,而且,这种鱼也受到消费者的青睐,但是,罗非鱼养殖的财务分析显示,当前的生产力水平使其毛利率很低。

表4-7总结了东帝汶各省的鱼塘数量,这其中包括了咸淡水塘。阿伊莱乌省和埃尔梅拉省是唯一没有海岸线的两个省份,因此这两个省份是从内陆水产养殖业中获益。大多数的水塘位于阿伊纳罗省、包考省、维克克省和劳滕省。

表4-7 2015年东帝汶各省鱼塘数量

单位:个

省份	鱼塘数量
阿伊莱乌	45
阿伊纳罗	390
包考	297
博博纳罗	133
科瓦利马	45
帝力	168
埃尔梅拉	216
劳滕	234
利基卡	14
马纳图托	45
马努法伊	106
欧库西	16
维克克	296
合 计	2005

资料来源:东帝汶国家渔业和水产养殖局(NDFA)。

目前,渔业对东帝汶的国民生产总值和国民收入的贡献率很低。东帝汶的鱼类消费总量估计为每年7120吨,人均消费6.1千克/年,远低于亚洲人均17千克/年的水平。由于东帝汶国内需求有限,国内近海渔业的发展将取决于发展出口市场的机会。目前,新加坡是一个理想的海产品出口市场,并且东帝汶也与新加坡建立了海空联系网络。此外,社区沿海水产养殖活动可为沿海社区提供创收机会。根据东帝汶《2011~2030年国家发展战略规划》，到 2020 年，东帝汶至少在沿海社区推广三类水产养殖活动。

东帝汶淡水、咸淡水和海水养殖的发展都不完善。咸淡水养殖的发展潜力很大，特别是在红树林和其他适合的边缘鱼塘，而淡水养殖的发展受到水资源的限制。另外，电力供应不稳定，缺乏可靠的制冷设施也成为渔业发展的重要障碍，因此需完善电力设施，并且也要加紧改进对渔业的监测和保护。

在东帝汶，与其他农业部门相比，渔业已经得到了很好的管理，并有一些与该部门直接相关的法律、法令等。东帝汶政府制定了一些发展规划，既重视海洋捕捞，又重视鱼类商业化养殖，列出适合商业捕捞的场址清单，通过海洋保护区加强对鱼类养殖场和其他重要海洋地区环境的保护，建立海洋研究与发展中心，使渔业发展更加专业化、系统化。

此外，为了发展充满活力的、可持续的、创造更多就业机会的渔业，东帝汶政府还采取了以下举措：①建立使用渔业电子控制系统切割、加工、运输和储存海鲜产品；②研究虾、鲍鱼、螃蟹和牡蛎养殖；③建立市场联系和运输系统；④维护渔民和养鱼社区的权利；⑤对渔业资源进行质量控制和监督；⑥发展渔港和基础设施，如码头和登陆点；⑦开发和维护鱼类出口市场。

四 畜牧业

东帝汶的畜牧业生产几乎完全由个体家庭管理，传统的管理体系和市场准入存在很多不足。

东帝汶独立后经济不断发展，促使人们对畜产品的需求也在增长。东帝汶的畜牧业不仅有潜力通过增加新鲜肉类和奶制品的供应来改善本国人民的营养状况，而且可以创造就业机会增加农民的收入，以及从长期的活牛出口到印度尼西亚获得经济回报。根据 2015 年东帝汶人口住房普查情况，东帝汶约有 80% 的家庭饲养牲畜。山羊、绵羊和猪有时会在当地市场上交易，而马作为交通工具在农村起着重要的作用。图 4-5 详细地反映了东帝汶 2015 年的牲畜数量以及拥有牲畜的家庭数量。

东帝汶

```
□ 牧畜数量（只/头/匹）  ■ 拥有牲畜的家庭数量（个）
```

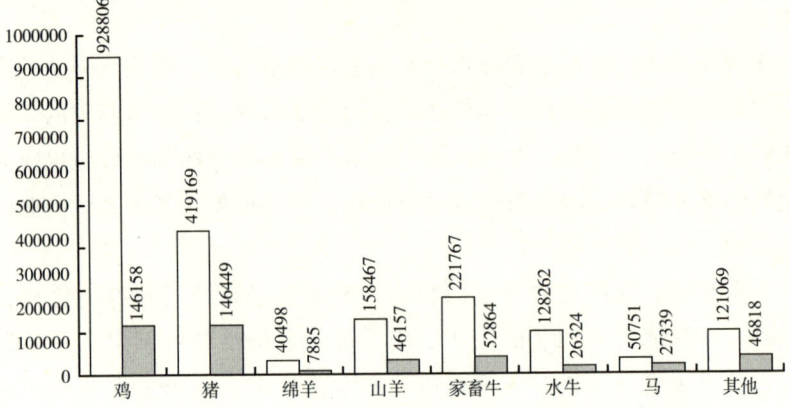

	鸡	猪	绵羊	山羊	家畜牛	水牛	马	其他
牧畜数量	928806	419169	40498	158467	221767	128262	50751	121069
家庭数量	146158	146449	7885	46157	52864	26324	27339	46818

图 4-5　2015 年东帝汶牲畜数量以及拥有牲畜的家庭数量

资料来源：东帝汶数据统计总理事会，http://www.statistics.gov.tl/agriculture_livestock/。

东帝汶博博纳罗、欧库西和维克克等省拥有的牲畜数量较多，科瓦利马、劳滕和维克克拥有较大的牧场面积。巴厘牛非常适宜在东帝汶养殖，目前一般是通过选择性繁殖和阉割劣质公牛来改善其品质，其他生产参数如死亡率、产犊率和日增重也会相应地得到改善。

东帝汶畜牧业的发展也面临一些困难。首先，东帝汶的家畜一般是放养散养的。其次，大多数农民对动物管理和动物健康缺乏认识，因此需从立法、管理等方面加强动物卫生检验检疫工作和动物疾病防治工作。再次，道路和水利等基础设施不足，限制了畜牧业的商业化。最后，由于进口精饲料成本高，进口肉鸡价格低廉，东帝汶集约化的家禽养殖业并未形成，甚至大多数鸡蛋都是进口的。

东帝汶政府积极开展动物疫苗接种活动，并在全国推广动物保健和营养改善活动。

东帝汶政府采取了以下措施改善当前东帝汶畜牧业现状：首先建立畜牧生产研究中心，实行长效疾病控制管理制度，扩大畜禽疫苗接种计划；其次是通过东帝汶的教育和培训体系以及人力资本发展基金的改革来培训兽医临床医生、协助家畜护理和培训当地农民；最后是建立一个牛羊饲养者委员会重点推动国家相关战略、政策和法律的出台。

东帝汶在发展养殖业的基础上要发展屠宰业，并建设用来提供高质量的切割、包装和储存设施。屠宰场可以通过与生产者的对接来零售自己的肉类，这些生产者可提供24个月大的、健康优质的牲畜。屠宰场还可为私人提供屠宰牲畜服务。东帝汶政府在《2011~2030年国家发展战略规划》中提出，要将生牛出口量翻一番，达到5000头/年，到2020年替代每年进口的200吨牛肉。并且加强畜牧业管理：①培育特种猪、家禽生产系统，使用剩余的玉米等用于养殖；②建立有机肥料畜禽粪便加工示范区；③扩大畜产品加工；④与更多的金融机构（特别是银行部门）开展合作；⑤开发一个小型实验室和动物医疗中心；⑥建立饲料处理的示范区。

第三节 工业

一 工业发展概况

根据美国中央情报局（CIA）估计数据，2017年，东帝汶GDP的构成中，农业占9.1%，工业占56.6%，服务业占34.3%。

东帝汶的轻工业主要集中在手工艺、家具、灯具组装和饮用水瓶制造等行业。东帝汶有雕刻传统，但其质量有待提高。东帝汶妇女擅长编织，被称为"tais"的彩色布料主要用作床单和桌布。如果生产复杂工艺的纺织品（例如座套、皮包），纺织品生产者将获得更多收入。东帝汶当地制造的家具比较粗糙，但通过提高家具质量，国内外市场都大有潜力可挖。此外，目前东帝汶消费的瓶装水和软饮料主要来自印尼，但由于消费税，软饮料非常昂贵。

就重工业而言，在东帝汶重工业中占主导地位的是矿业。矿业以石油、天然气为主，东帝汶的经济严重依赖石油和天然气。为扩大油气收入，东帝汶政府于2005年设立石油基金，2008年7月成立了国家石油管

东帝汶

理局。2007年以来油气月平均收入约1亿美元，随着国际原油市场价格上涨，2012年东帝汶石油基金收入为28.4亿美元，2013年石油基金收入26.93亿美元。2014年下半年以来，受国际油价持续下跌影响，石油基金收入增长放缓，当年收入18.17亿美元，2015年收入为13.06亿美元，2016年收入为7.50亿美元。截至2018年9月石油基金余额为171亿美元，油气收入仍然为东帝汶收入的主要来源。

目前，东帝汶有三个沿海工业聚集地。第一个是苏艾供应基地聚集群（Suai Supply Base Cluster）。苏艾将建成东帝汶石油工业的服务、物流、制造和人力资源中心。具体而言，东帝汶在《2011～2030年国家发展战略规划》中提出公共投资将被用来：①在苏艾的卡马纳萨（Kamanasa）建造一个海港，包括集装箱公园、仓储物流区、办公区和燃料储存设施；②建造一个卡玛纳萨公共住宅区；③建造一个重金属车间；④建造一个造船和修理设施区并修复苏艾机场。总之，将苏艾供应基地聚集群打造成推动东帝汶南部沿海就业和经济发展的国家产业基地和物流平台。第二个是贝塔诺炼油厂和石化产业集群（Betano Refinery and Petrochemical Industry Cluster）。它由炼油和石化工业所在的工业园区以及依托石油工业的城市聚集而成。该城市主要功能是提供住房和社会服务，以便在东帝汶南部沿海地区建立新的就业基地。东帝汶拟通过公私部门的合作，建立炼油和石化中心。东帝汶国家石油公司（Timor-Leste National Petroleum Company）将在这一发展中发挥至关重要的作用，初步阶段将建立一个日产3万桶的炼油厂，随着石化行业的扩大，日产量将逐步增加到10万桶。国内民众对石化产品（如柴油、汽油、喷气燃料和沥青）的需求，将能够由炼油厂予以满足。此外，炼油厂的许多产品将用于出口，以增加东帝汶石油和天然气的产品贸易额。第三个是比科（Beaço）液化天然气工厂集群。该集群将把天然气管道通向东帝汶的内地，液化天然气工厂也位于该地。这个集群将液化天然气工厂综合体以及新比科和新维克克的建设纳入发展中。液化天然气工厂的第一阶段是将年产量增至500万吨，在未来可能每年增加20万吨的生产能力。为了连接这三个集群，支持石油工业的发展，东帝汶政府将从苏艾到比科建造一条公路。2016年1月20日，由中铁国际中海外－中铁一局东帝汶联营体公司承建的苏艾高速公路一期项目正式开工。

二　石油工业发展战略

东帝汶政府将发展石油工业作为其国家工业经济发展战略的重要组成部分，提出了一个发展石油工业的塔斯曼计划（Tasi Mane Project）。具体而言，塔斯曼计划将进行20年，分为四个阶段。

这四个阶段分别是：①第一阶段是从2011年至2013年，该阶段从苏艾供应基地聚集群第一阶段建设开始，其中包括在卡马纳萨地区建造海港、仓库、办公区和公用设施，以及翻新苏艾机场和修复苏艾－卡马纳萨地区公路。②第二阶段是从2013年至2016年，该阶段包括完成苏艾供应基地聚集群第一阶段的工程，并开始第二阶段的工程，即扩建防波堤以覆盖更多受保护的泊位区域，满足商业货物增长的需求，并且在苏艾这一新城市开始为工人提供住房。贝塔诺炼油厂项目实现日产能3万桶。苏艾和卡马纳萨之间的公路开始修建，新比科第一阶段的建设已经开始。③第三阶段是从2017年至2023年，该阶段包括完成炼油厂项目的第一阶段和比科高速公路的延伸。新比科和新维克克液化天然气工厂将建成，维克克机场将进行翻新和扩建。④第四阶段是从2024年至2030年，该阶段包括建成苏艾供应基地的第三阶段项目工程；石油管理城市的第二、三期工程完成；继续推动石化行业持续发展，并进一步扩大液化天然气装置以适应额外的天然气储存量开发的要求。

第四节　服务业

服务业是东帝汶经济的另外一个重要组成部分，大部分服务业企业集中在帝力。2000年以后，由于国外援助不断涌入东帝汶，贸易、餐饮、酒店等为国际机构服务应运而生的行业得到了较快的发展。根据《2015年人口普查劳动力报告》，东帝汶农业劳动力总量下降了6%，而非农业部门的就业增加近38%，从102600人增加到141200人，其中服务业就业人口增长了43%。

尽管东帝汶服务出口近年来出现大幅波动，但2008年至2017年呈上升趋势，服务业出口总额截至2017年达到8830万美元，其中商业服务贸易出口额为7700万美元，较2010年增长了14%，交通服务出口额为200万美元，较2010年增长了17%，旅游服务出口额为730万美元，较2010年增长了17%，其他商业服务出口额为200万美元。

一 金融业和房地产服务业

东帝汶是一个新兴国家，金融体系还在发展，金融业仍处于发展的萌芽阶段，金融服务产品出口较少。其金融服务产品出口直到2012年才出现，2012年的金融产品出口额是93万美元，2013年的金融产品出口额为95万美元，2014年的金融产品出口额是98万美元，2015年的出口额仅为3万美元。2009~2016年金融服务出口占商业出口的百分比如图4-6所示。此外，从事金融服务业的人口也仅占东帝汶人口的一小部分。

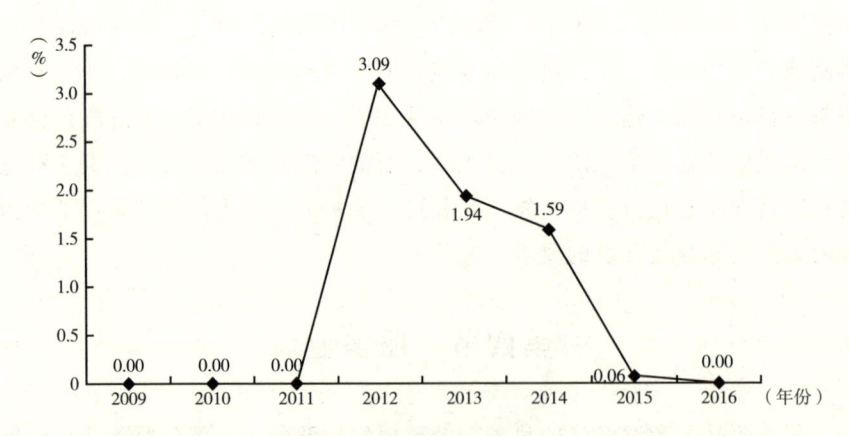

图4-6 2009~2016年东帝汶金融服务出口占商业出口百分比

资料来源：国际货币基金组织《国际收支统计年鉴》。

目前，东帝汶共有4家商业银行：1家本地银行和3家外资银行分行。外资银行即葡萄牙储蓄总社（CGD/BNU）、澳新银行（ANZ）和

第四章 经 济

印尼曼迪利银行（MANDIRI）。澳新银行是民营银行，但葡萄牙储蓄总社和曼迪利银行都是国有的。这三家银行中的每家银行都有不同的细分市场，但存在一些重叠，主要是零售层面。三家外国银行分支机构在东帝汶金融领域占据主导地位。此外，还有9家汇款服务提供商、2家外币兑换机构和2家保险公司以及一些小额信贷机构。在缺乏明确的小额融资监管环境的情况下，金融服务提供商已经组建了东帝汶小额信贷机构协会（AMFITIL）。该协会为小额信贷机构进行自我约束提供了基础。

2016年6月，国际统计学会（International Statistical Institute）收集的相关数据显示，在东帝汶银行、微型金融机构和信贷机构中有422941个客户账户。根据这个数据预估，东帝汶约有42%的人口（或68%的成年人口）使用金融产品和服务。银行持有金融系统中最大的份额客户，共计388018名。这些客户中有96.5%是个人，而其余3.5%是公司客户。从个人客户的性别分析可以看出，男性使用金融服务的比例略高（占银行客户总数的52%），而女性客户的比例为48%。尽管大部分人口使用了金融产品和服务，但由于以下原因，金融产品的使用和推广仍然受限。第一是语言沟通问题，东帝汶采用德顿语和葡萄牙语作为官方语言，采用英语和印度尼西亚语作为工作语言。然而除了德顿语以外，东帝汶各地还有其他方言，因此金融服务提供商在选择语言进行有效沟通方面存在挑战。根据2010年的人口普查，德顿语是使用最广泛的语言，但只有56.1%的成年人能说、读和写德顿语。因此，仍然需要使用其他语言来照顾其他人群。第二是交通距离问题，金融服务机构网络仍然局限于主要城市。虽然它覆盖了29.6%的人口（居住在城市地区的人口），但70.4%的人口（居住在农村地区的人口）需要经过较长距离才能到达就近的金融机构，而从主要城市到村庄的公共交通并不便利。基于此，东帝汶中央银行采取了相关措施：①推出电子钱包：2014年9月，央行授权葡萄牙储蓄总社启动试点计划；②银行代理：在2015年，央行与亚洲开发银行（ADB）和新南威尔士大学（UNSW）共同研发了分支银行代理网络项目。项目推出了第14/2015号通函"无网点银行代理人使用指南"。此外，还编制了

东帝汶

无网点银行监管和浮动保护政策文件,并制定了无网点银行保护消费者的政策文件;③金融知识扫盲和保护消费者:央行于2014年11月29日率先启动了首个金融教育认知计划,旨在提高全国民众金融知识水平,从而改变其消费行为以养成储蓄习惯。

在2000年到2015年东帝汶的国民经济核算中,房地产服务业的产值呈不断增长的趋势。东帝汶房地产服务业发展势头强劲。

目前,东帝汶的房地产行业发展面临的最大问题是土地所有权问题。2017年6月5日东帝汶国会批准通过了第13/2017号法。该法于2017年9月3日生效,旨在确认和授予不动产的第一产权,并明确其法律地位。新法进一步承认以前的所有权(包括非正式的习惯性所有权、由于长期占有而获得的所有权以及在葡萄牙和印度尼西亚政府时期被正式授予的所有权),它将促进东帝汶房地产开发和投资。

二 旅游业

成功的旅游业可为国家和地方经济创造收入,提供就业机会,改善区域经济发展的失衡问题。东帝汶位于东南亚地区帝汶岛东端,拥有丰富的海洋生物、白色的沙滩、壮观的山脉、独特的帝汶文化、反殖民和争取民族独立的历史。除此之外,东帝汶还有特别活动,包括环东帝汶自行车赛、帝力"和平之城"马拉松赛和达尔文迪利游艇集会等,发展旅游业潜力巨大。东帝汶旅游业处于发展的早期阶段,其国际游客数量有限但在不断增加,道路设施较差,住宿选择有限,空中线路少而昂贵,绝大多数国家无国际直达航班。此外,为旅游业提供服务的人力资源不足也成为东帝汶旅游业发展的又一挑战。

针对旅游业发展面临的主要挑战,东帝汶政府主要采取了一系列措施。其一,改善其核心基础设施,包括道路和桥梁、电力、电信、机场和海港。加强对基础设施的规划,包括帝力等地的机场、海港、道路和电信等项目,将考虑旅游业的需要,使旅游业发展不会因缺乏准入或缺乏关键的基础设施而受到阻碍。其二,东帝汶旅游业与教育培训行业携手合作,为旅游业培养人才。相关教育和培训从中学阶段延伸到职业培

第四章 经　　济

训和在职培训，涵盖酒店管理、酒店、餐饮和餐饮服务以及商务管理等一系列领域。其三，完善各地旅游服务，东帝汶各地区积极完善住宿、导游和餐饮等服务。其四，为了提高知名度，利用互联网技术，把游客与当地的商业和景点连接起来。其五，加强监管。餐饮行业将会受到监管，以确保符合行业标准，并为提供包括帝汶、葡萄牙和非洲食品在内的特殊餐饮体验奠定基础。出租车行业将进一步受到监管，其中包括投诉机制、标准票价、最低汽车标准和在帝力国际机场管制的固定票价系统。其六，加强国际合作。2018年1月28日美国国际开发署（USAID）与东帝汶签署一份旨在帮助东帝汶发展具有包容性的旅游业协议。该项目名为"全民旅游"（Tourism for All），将由化学电子国际公司（Chemonics International）及其合作伙伴索利玛尔国际（Solimar International）和星球合作伙伴（Planet Partnerships）实施，旨在到2030年每年为东帝汶带来20万名外国游客，增加旅游业就业岗位15000个，每年实现旅游收入1.5亿美元。该项目将着重于通过改善行业治理和促进可持续投资来发展旅游业。

由于东帝汶位于亚太地区，该地区日益发展的国际旅游市场拉动了东帝汶旅游业的发展。到达东帝汶的国际旅游人数从2006年的14000人增加到2015年的62000人。如表4-8所示，从2006年至2015年抵达东帝汶的国际游客[①]数量整体呈增长趋势。

总之，旅游业是一个需要多部门合作的经济行业，东帝汶旅游业近年来积极致力于发展政府、行业和地区间的联系，深度挖掘东帝汶文化、自然、探险等方面的旅游资源。根据世界旅游组织（UNWTO）世界旅游晴雨表数据，2017年帝力国际机场国际抵达人数增长16.5%，继2016年后持续取得良好业绩。

---

① 国际游客：这里指的是国际入境游客（过夜游客），即旅游到一个除居住国家之外，游玩时间不超过12个月，旅游目的并不是获取报酬。

表4-8　2006~2017年到达东帝汶的国际游客数量

年份	人数（人）
2017	74000
2016	66000
2015	62000
2014	60000
2013	79000
2012	58000
2011	51000
2010	40000
2009	44000
2008	36000
2007	22000
2006	14000

资料来源：http://cn.knoema.com/。

第五节　交通运输与邮政通信

一　交通运输部门

（一）公路

东帝汶基础设施不发达，交通不便。现有道路近6000千米，其中国家级公路1427千米，地区级公路869千米，乡村道路3025千米。约65%的国家级公路状况"非常差"，96%的地区级公路处于类似状况。全国仅8%的路况"较好"。道路质量较差，部分路段只能在旱季通车。目前东帝汶全国仅有一条高速公路，该高速公路位于东帝汶南部沿海地区，南起苏艾，北至比科，总长155.7千米。陆路向西可抵达位于印尼西帝汶北岸的东帝汶飞地欧库西和印尼西帝汶的首府古邦，但道路状况不佳。2013~2014年，东帝汶利用世界银行、亚洲开发银行和日本政府的贷款，对国内部分公路干线进行整修。

（二）航空

东帝汶共有3个一级机场、5个二级机场。帝力国际机场是东帝汶一座民用的国际机场，位于帝力市区西北部，到市中心约15分钟车程。帝汶航空（Air Timor）是东帝汶唯一运营的航空公司，成立于2008年。帝力往返新加坡航线承运商是新加坡胜安航空（Silk Air），每周六有航班往返于帝力和新加坡。帝力往返巴厘岛的航线承运商有两家航空公司，分别是三佛齐航空（Sriwijaya Air）和连城航空（Citilink Air）。澳大利亚北方航空公司（Airnorth）运营帝力到澳大利亚达尔文之间的航班。2017年，抵达东帝汶帝力国际机场的外国旅客共73837人次。按旅客国籍划分，最大旅客来源地印尼为18538人次，其他依次为澳大利亚12198人次、葡萄牙7460人次、菲律宾3184人次、中国7519人次。2017年，帝力国际机场到港航班3131架次，到港货物141.81吨，离港货物156.37吨。

（三）海运

东帝汶国内水运最长的轮渡航线是从帝力到欧库西的航线，每周两班，这一航线在政府的补贴下得以正常运转，轮渡由德国捐赠。每周六有从帝力往返阿陶罗岛的轮船。以往多年，从中国到帝力的海运需借道印尼的泗水（Surabaya）转运，耗时30~45天，近年来新开辟了从中国到帝力的直航，海运时长缩短至15天左右。帝力港为深水港，也是东帝汶唯一的集装箱码头，每年吞吐量约4.2万标箱，卸货25万吨，多为进口，出口很少。同时，帝力港还承担客运港的功能，帝力往返欧库西和阿陶罗岛的渡船都停靠在这个港口。随着经济的发展，进口量剧增，帝力港由于天然条件所限，已然不能满足使用。为此，东帝汶政府决定在距离帝力约15千米的蒂巴建设新港，专门用于货物进出口，而将帝力港专门用于客运和观光。另有康港（Com Port）、梅蒂纳罗港（Metinaro Port）用作渔港，赫拉港（Hera Prot）用作军港等。

（四）交通运输发展规划

东帝汶政府制定了《2011~2030年国家发展战略规划》，计划重点发展农业、旅游业、石油工业，目标在2030年达到中高收入国家水平。该发展规划涉及公路、港口、码头、机场、电信、电力等领域的基础设

施建设。在此规划指导下，东帝汶近年来依托不断增长的石油基金，大力加强基础设施建设，完成全国电网建设，诸多国家级公路项目陆续开工；蒂巴港拟建，帝力港转型在即，帝力国际机场改扩建计划将于2021年12月前完工并列入政府优先发展项目清单；欧库西开发走上轨道，路桥、机场相继开工建设，欧库西港口处于筹划中；苏艾机场开建，苏艾高速一期已通车，苏艾港建设如箭在弦上，南部沿海开发开始提速等。2012年8月第五届宪法政府上台后，东帝汶加快了基础设施建设步伐，陆续进行了民用简易住宅、政府部门办公楼、公路、高速路、地方机场等多个项目的招标。这些项目资金来源主要是石油收入、外国政府和国际机构贷款。2015年2月第六届宪法政府成立后，对上届政府制定的项目规划做出一定程度的调整，但总体方向没有变化。大型项目原来由政府专门设立的国家采购委员会（NPC）及财政部下属的大项目办公室（MPS）、国家发展署（AON）运筹。第六届宪法政府新设规划与战略投资部，总揽大型项目管理，前述三个机构由该部统管，前总理夏纳纳·古斯芒担任部长。

二　邮政通信业

印度尼西亚于1999年撤出东帝汶后，电信基础设施在随后发生的暴力事件中遭到破坏，印尼的Telkom公司不再提供服务。国际电信联盟向东帝汶分配了新的国家代码（670），但其国际接入仍然受到严重限制。一个复杂的因素是，北马里亚纳人以前使用过呼叫代码670，因许多运营商不知道该代码现在被东帝汶使用（北马里亚纳人，作为北美编号计划的一部分，现在使用国家代码1和区号670）。葡萄牙电信在2002年与东帝汶签署了一项为期15年的合同，投资2900万美元重建和运营东帝汶电话系统，合同可延长10年，总共有25年的垄断期。在东帝汶独立的暴力事件中，电话系统受到严重破坏。因此，固网服务非常少，移动蜂窝服务和覆盖范围主要限于城市地区。东帝汶电信提供的移动GSM服务覆盖了大约92%的人口，100%的东帝汶各省会和57%的各省级以下的次区域。国际通信服务在主要城市中心可用，但其他地方并不多。

第四章 经　济

现在东帝汶的通信服务提供商主要有三家。一是帝汶电信（Timor Telecom），成立于2002年，提供固话、移动和互联网服务，资费较高。帝汶电信覆盖了92%的人口，建有139个2G网络基站，64个3G网络基站。在总统府、帝力大学等地免费提供因特网服务。二是Telkomcel，成立于2012年9月，是印尼国际电信公司下属公司，同样提供固话、移动和互联网服务，收费与帝汶电信相仿，网络信号相对较好。三是Telemor，成立于2013年7月，是越南电信全资子公司。Telemor覆盖了96%的人口。2017年，三大移动运营商——帝汶电信、Telkomcel和Telemor推出了4G/LTE服务。由于当地通信市场竞争激烈且趋于成熟，市场发展受限，增长放缓。

截至2017年，东帝汶固定电话线为2364条，每100名居民拥有固定电话线路0.2条。2003~2017年，固定电话线不断增长，从2003年的1970条增加到2017年的2364条，年均增长1.86%（见表4-9）。东帝汶当地手机为GSM制式，除首都帝力其他地方手机信号较差；东帝汶互联网普及率低，目前主要由帝汶电信、Telkomcel公司和Telemor公司经营，前两者上网费用较高，网速较慢且不稳定。相对而言，Telemor凭借价格较低、覆盖面广等优势迅速崛起，用户数量直赶帝汶电信。在帝力，有葡萄牙公司、澳大利亚公司和印尼公司提供的互联网接口服务，费用极其高昂，通信速度、质量和稳定性一般。

表4-9　2003~2017年东帝汶固定电话线变化

年份	数量	增长率(%)
2017	2364	-13.09
2016	2720	0.00
2015	2720	-23.53
2014	3557	18.57
2013	3000	0.00
2012	3000	-1.77
2011	3054	5.06
2010	2907	0.00

东帝汶

续表

年份	数量	增长率(%)
2009	2907	10.07
2008	2641	8.24
2007	2440	−2.56
2006	2504	7.28
2005	2334	11.25
2004	2098	6.5
2003	1970	—

资料来源：http://cn.knoema.com/。

东帝汶至少有 21 个电台。总台是东帝汶广播电台，以德顿语、葡萄牙语和印度尼西亚语广播。其他电台包括 Kmanek 电台、东帝汶民族解放军电台和 Renascença 电台，还有来自葡萄牙的 RDP 国际版，澳大利亚电台和 BBC 世界版的 FM 转播。社区广播电台在全国各地广播，使用托克德德语和法塔卢克语等方言广播。东帝汶的国家电视部门叫东帝汶电视台（TVTL），东帝汶电视台于 1978 年开播用德顿语和葡萄牙语播放当地节目，并从葡萄牙转播 RTP 国际版。2008 年 9 月，东帝汶与巴西环球电视网（Rede Globo）签署协议允许其使用该频道节目。2009 年东帝汶电视台开始播放巴西环球电视网节目。

东帝汶的第一个因特网连接是 1999 年由联合国亚太信息发展计划（Asia – Pacific Development Information Program）完成的，目的是支持东帝汶过渡当局，即联合国过渡行政当局。东帝汶的互联网国家代码现在是 .tl。当该国于 2002 年 5 月 20 日实现独立时，该代码从 .tp（葡萄牙帝汶）正式更改为 .tl。互联网在东帝汶仍处于发展阶段。东帝汶绝大多数互联网用户使用的是蜂窝互联网。东帝汶拥有互联网的家庭比例从 2014 年的 18% 上升到 2016 年的 24%，年均增长 14.71%。2007~2016 年，东帝汶互联网用户占比从 1% 大幅增长至 25.2%，并以逐年递增的速度增长。东帝汶固定互联网用户从 2003 年的 9 个增加到 2016 年的 3346 个，年均增长 81.25%（见图 4 – 7）。2003~2016 年东帝汶固定互联网订阅量在不断增加，移动宽带普及率迅速增长，这受到智能手机用户数量上升的驱动。目前东帝汶移动宽带市场仍处于发展初期，在三家移动运营商推出 4G/LTE 服务之后，将有强劲增长。帝汶电信称，届时约 94% 的人口能够使用手机访问互联网。

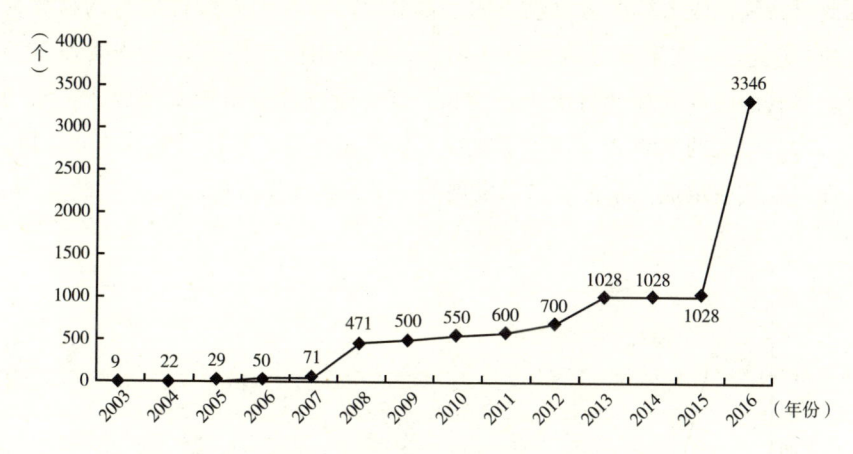

图 4-7 2003~2016 年东帝汶固定互联网订阅变化

资料来源：http://cn.knoema.com/。

第六节 财政

一 政府收入与支出

（一）政府收入

尽管东帝汶政府收入占国内生产总值的比值近年来波动较大（如图 4-8 所示），但在 2004 年至 2018 年总体呈上升趋势，2018 年东帝汶政府总收入占 GDP 的 30%，表 4-10 是 2017~2023 年东帝汶政府总收入（含预测）。2019 年东帝汶非石油国内收入有望恢复增长，达到 1.986 亿美元，比上一年增长 5%。长期的政治僵局和疲弱的宏观经济使得 2017 年和 2018 年国内收入增长停滞，但随着东帝汶政局恢复稳定，民营部门活动更加活跃，积极的宏观经济环境将推动总收入的增长。在当前的经济增长预期下，由

东帝汶

于行政管理的改善、财政改革和新财政工具的引入，非石油收入预计将在中期内保持增长。由于支出不超过非石油收入，可持续性收入（ESI，指每年可从石油基金中提取的可持续性石油收入）允许维持财政的可持续性，因此可持续性收入被视为总收入的一部分。2019年可持续性收入的预算为5.290亿美元。在宏观经济增长预期下，这种积极趋势预计将持续到2023年。尽管国内收入预计将出现正增长，但东帝汶高度依赖石油收入，石油收入占总收入的90%以上。随着现有油田产量减少，预计石油收入将下降，这使得财政改革成为东帝汶未来发展的一个关键优先事项。

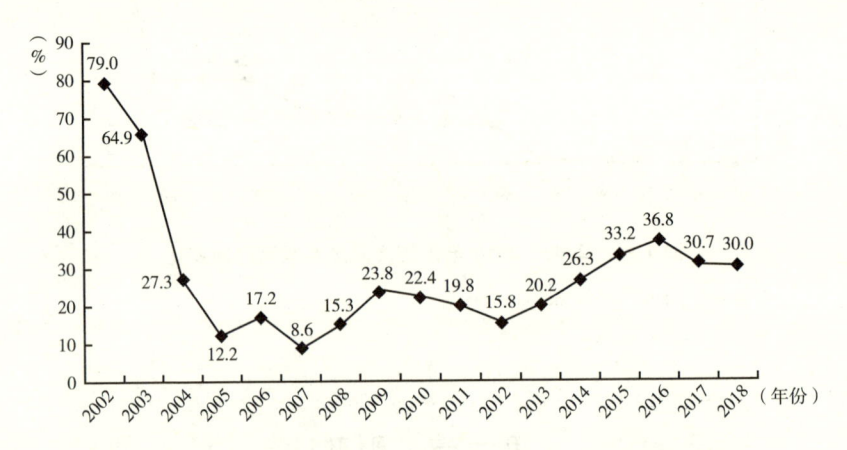

图4-8 2002~2018年东帝汶政府收入占国内生产总值的百分比

数据来源：https://knoema.com/。

表4-10 2017~2023年东帝汶政府总收入（含预测）

单位：百万美元

	2017年（预测）	2017年（实际）	2018年（预测）	2019年（预测）	2020年（预测）	2021年（预测）	2022年（预测）	2023年（预测）
总收入	1312.6	2223.1	861.7	1162.0	1239.8	1059.0	809.3	240.4
国内收入	206.2	189.6	188.8	198.6	206.4	217.3	228.2	240.4
石油收入	1106.3	2033.5	672.8	963.4	1033.4	841.8	581.7	—

注：国内收入包括欧库西经济特区（ZEESM）的税收收入。
资料来源：东帝汶国家财政部经济政策国家理事会，2018。

第四章 经　济

东帝汶政府收入的国内收入部分由税收、相关收费、利息、自治机构的收入以及从欧库西经济特区的税收收入组成。表4－11为2017～2023年东帝汶政府收入中国内收入部分的详细数据（包括实际与预测部分）。其中，税收是东帝汶最大的国内收入来源，2019年税收收入占国内总收入的68.6%，税收收入预测如表4－12所示，税种主要分为直接税和间接税。由于GDP增长缓慢、政府项目（尤其是在基建领域）中断以及民营部门活动疲弱等因素造成的，2018年的税收收入低于2017年。基于目前东帝汶民营部门状况的改善和乐观的宏观经济前景，2021年东帝汶税收收入额有望逆转达1.503亿美元。此外，随着该领域财政改革的继续，预计来自海关活动的收入也会增加，而重新启动被中断的公共资助基础设施项目，应该会对2019年的财政收入做出重大贡献。按照目前的增长预期，这一趋势预计将持续到2023年。

表4－11　2017～2023年东帝汶国内收入（含预测）

单位：百万美元

	2017年（预测）	2017年（实际）	2018年（预测）	2019年（预测）	2020年（预测）	2021年（预测）	2022年（预测）	2023年（预测）
总的国内收入	206.2	189.6	188.8	198.6	206.4	217.3	228.2	240.3
税收	149.3	132.6	130.1	136.3	143.1	150.3	157.8	165.7
欧库西经济特区税收收入	3.6	4.7	5.3	5.2	5.4	5.7	6.0	6.3
相关收费	50.0	49.0	50.3	52.5	53.1	56.4	59.4	63.3
利息	—	—	0.5	0.5	0.5	0.5	0.5	0.5
自治机构收入	6.9	7.9	8.0	9.3	9.7	10.1	10.5	10.9

资料来源：东帝汶财政部经济政策国家理事会，2018。

表4－12　2017～2023年东帝汶税收收入（含预测）

单位：百万美元

	2017年（预测）	2017年（实际）	2018年（预测）	2019年（预测）	2020年（预测）	2021年（预测）	2022年（预测）	2023年（预测）
总税收	119.7	132.7	130.1	136.4	143.1	150.3	157.9	165.7
直接税收入	53.3	54.7	58.9	61.6	64.6	67.9	71.3	74.8

续表

	2017年（预测）	2017年（实际）	2018年（预测）	2019年（预测）	2020年（预测）	2021年（预测）	2022年（预测）	2023年（预测）
间接税收收入	66.2	76.7	70.7	74.2	77.9	81.8	85.9	90.2
其他税收收入	0.2	1.3	0.5	0.6	0.6	0.6	0.7	0.7

资料来源：东帝汶财政部经济政策国家理事会，2018。

石油基金目前支撑了东帝汶的大部分政府收入。石油收入的流入是通过价格、生产和成本决定的。石油基金是每年国家预算的主要资金来源。从该基金中提取资金是称之为可持续性收入。可持续性收入代表一个财政年度中可从该石油基金中拨出的最大金额，以便留出足够的资金余额在以后的所有年度中拨出与实际价值相等的金额。可持续性收入将占石油基金收入的3%，包括基金余额和未来石油收入的净现值。政府可以从石油基金中提取超过可持续性收入标准的资金，并向议会提供理由说明为什么这样做符合东帝汶的长期利益。表4-13为2017~2023年东帝汶石油收入情况（含预测），2017年石油收入4.214亿美元，截至2018年9月，石油收入3.313亿美元，已超过2018年预算3.171亿美元的预期。油价高于预期，2018年1月至8月平均每桶石油价格为71.1美元。在扣除对运营商的退税后，加上实际收入，2018年的东帝汶石油总收入调整至3.89亿美元。东帝汶2019年财政部预算报告显示石油总收入在2020年小幅增长，然后在2023年降至9870万美元。

表4-13　2017~2023年东帝汶石油收入（含预测）

单位：百万美元

	2017年	2018年	2019年	2020年	2021年	2022年	2023年
石油基金总收入	2033.5	672.8	963.4	1033.4	841.8	581.1	582.9
石油基金投资回报	1612.1	283.4	619.7	591.8	559.6	523.5	484.1
石油总收入	421.4	389.4	343.7	441.5	282.1	57.6	98.7

资料来源：东帝汶财政部经济政策与石油基金管理理事会，2018。

根据国际货币基金组织的标准,如果一个国家超过25%的预算收入来自于自然资源,这个国家就被认为是资源依赖型国家。石油收入约占东帝汶预算的90%,因此东帝汶是一个经济高度依赖石油的国家。石油是一种不可再生资源,东帝汶必须在石油耗尽之前开拓不同的收入来源渠道,实现收入来源的多样化。东帝汶的农业和旅游业是收入多样化讨论中经常提到的两个生产部门,但在过去的五年里,对农业和旅游业的预算拨款从来没有超过国家年度预算的10%。2019年1月12日,总理塔乌尔·马坦·鲁瓦克表示,农业收入在短期内无法为政府活动提供资金。但从长远看,发展这些部门以增加非石油收入的多元化,东帝汶现在必须开始进行农业和旅游业基础建设工作。

(二) 政府支出

2019年东帝汶国家预算总额为19.896亿美元,预算支出总额为18.27亿美元(不包括发展伙伴资助的1.626亿美元),2019年国家预算支出总额高于2018年,这主要是由于从康菲石油公司购买大旭日项目(Greater Sunrise Project) 3%股份的预算金额,以及2018年国家预算的不同寻常性质(国家预算都受到了十二进制系统的影响),推动了公共转移支付的增长。2019年东帝汶政府支出的重点是继续发展东帝汶的关键基础设施建设,以刺激经济增长和减少贫困。与2018年的预算一样,电力、道路、桥梁、港口、机场以及水和卫生设施仍然是预算支出中优先考虑的事项。从2018年开始,东帝汶的政府各部门和相关自治机构的总体预算和服务拨款增加了35.5%,并且东帝汶政府仍然积极致力于满足诸如养老金社会保障的需求。总体而言,预算支出额的增长将使东帝汶政府在2019年有更多的空间来执行自己的优先任务。

2018年底,东帝汶经济强劲复苏,但政府支出下降了3%。2018年9月,2018年国家预算通过后石油基金才得以使用。2018年最后三个月,经常性支出和资本支出均大幅增加,2018年61%的资本支出、57%的流动资金转移以及48%的商品和服务支出都发生在这一时期。2018年预算执行率相当高,约为90%。尽管如此,与2017年相比,政府支出占国内生产总值的比率仍然下降了2.1个百分点(如图4-9所示),经常性开

东帝汶

支下降了 11%，转移支付和商品及服务支出分别下降了 24% 和 9%。工资薪金支出也下降了 2%，这可能是对 2017 年 10% 增幅的调整。在资本支出方面，2018 年增长了 27%，达到了 2015 年的水平。2016 年和 2017 年都是不寻常的年份，因为 2016 年的大额一次性付款夸大了其价值，而为"无预算"的 2018 年保留现金余额，导致了东帝汶 2017 年末的投资支出下降。总体而言，支出的组成发生了显著的变化，即从公共转移（特别是公共赠款）重新分配到资本支出。

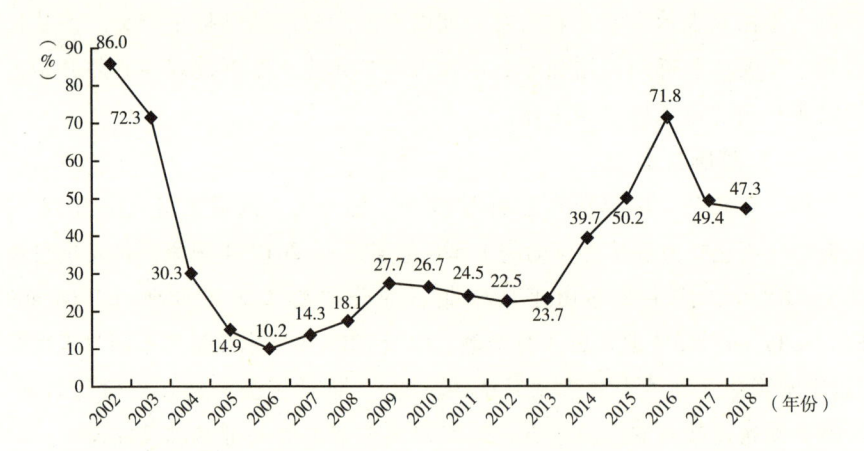

图 4-9　2002~2018 年东帝汶政府支出占国内生产总值的百分比

数据来源：https://knoema.com/。

2018 年东帝汶至少 30% 的公共支出用以直接支付给个人和家庭。2018 年公共支出明细显示，包括津贴和加班费在内的工资支出占总支出的 17%，为 1.93 亿美元（图 4-10），其中大部分与教育部门（5800 万美元）、卫生部门（2100 万美元）和内政部门（2000 万美元）有关。个人退休福利的支付占 13%，主要包括养老金（9100 万美元），即老年人和残疾人的养老金（3700 万美元）、前政客的养老金（500 万美元），以及家庭救助计划（Bolsa da Mae，900 万美元）。因此，直接支付给个人和家庭的费用占政府总支出的 30%~37%。2018 年，教育和卫生支出占公共支出总额的 12%，综合公共服务支出占政府支出近一半。经济事务支出大幅下降,目前占总预算的17%。社会保障支出为14%,与2017年相比下降了8%。教育和卫生支出直接影响服务提供水平,而人力资本对加速经济增长和促进经济多样化至关重要,因此2018年东帝汶增加对教育卫生部门的预算拨款,这有助于实现东帝汶的长期发展目标。

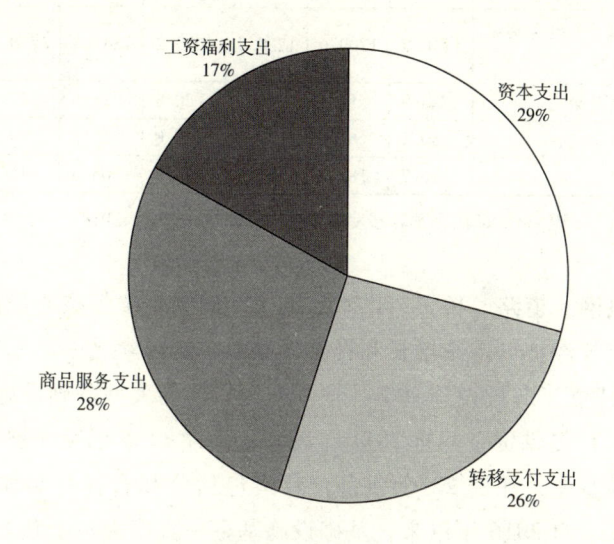

图4-10　2018年东帝汶政府支出比(按经济分类)

资料来源:东帝汶财政部国家预算和发展合作伙伴管理理事会,2018。

政府支出是由公共投资的前端驱动的。根据《2011~2030年国家发展战略规划》,政府支出将进行公共投资,即道路、港口、机场和石油部门等优先项目,以吸引私人投资并促进经济多样化。如前文所述,东帝汶目前致力于关键基础设施建设,以刺激国家经济增长。政府支出分散于东帝汶统一基金(CFTL)、人力资本发展基金(HCDF)、基础设施基金(IF)和贷款中,与2018年国家预算拨款相比,2019年各项拨款均有所增加:人力资本发展基金增加了26.6%,贷款支出增加了41.2%,东帝汶统一基金增加了43.3%,东帝汶实际政府支出与预算支出详见表4-14。

东帝汶

表 4-14 2017~2023 年东帝汶按基金分类的政府支出表（包括预算支出）

单位：百万美元

	2017年（实际）	2018年（预算）	2019年（预算）	2020年（预算）	2021年（预算）	2022年（预算）	2023年（预算）
总预算支出	1371.4	1459.1	1989.6	2280.4	1941.9	1918.4	1798.5
政府支出(用于基金会)	1194.7	1277.4	1827.0	2160.0	1876.6	1902.9	1798.5
东帝汶统一基金(包含基础设施基金)	1140.7	1200.0	1720.0	2099.2	1841.5	1870.9	1775.1
人力资本发展基金	23.9	15.8	20.0	20.8	21.6	22.5	23.4
贷款	30.1	61.6	87.0	40.0	13.5	9.7	—
发展伙伴承诺	176.7	181.7	162.6	120.4	65.3	15.5	—

资料来源：东帝汶财政部国家预算和发展合作伙伴管理理事会，2018。

发展电网、道路、桥梁、供水、港口和灌溉系统等核心经济基础设施是支持东帝汶经济可持续增长和社会转型的关键因素之一。基于此，政府于 2011 年成立了基础设施基金，该基金为重要的大型基础设施项目（100 万美元以上）提供资金。自 2011 年以来，共计 32.5 亿美元被批准并分配给基础设施基金，注资 22 个项目，其中包括公私合作伙伴关系（PPP）和外部贷款。自 2016 年以来，基础设施基金一直作为一个独立机构运作。第八届宪政政府从社会和经济两个方面确定了基础设施领域的优先发展事项，包括道路、桥梁、水和卫生设施等项目，以及可持续能源供应。此前已经开始了许多与这些领域有关的项目，并取得一定的进展。2019 年，基础设施基金（不包括贷款）21 个项目的总预算为 2.794 亿美元，比 2018 年预算减少 13%。这是因为 2019 年国家预算中的项目并不是新项目，而是反映了对前几年已经规划和批准项目的持续财政需求。根据项目 2018 年的发展需要和政府的优先次序，2019 年基础设施基金预算的最大部分仍然分配给道路项目、塔西马尼发展项目和电力项目。

二 财政赤字、政府债务规模

（一）财政赤字

政府预算是政府收入（税收和其他费用）和政府支出（购买和转移

支付）的分项核算。预算赤字发生在政府花费更多资金时（支出大于收入），与预算赤字相反的是预算盈余。政府支出大幅增加、石油收入下降，必然导致预算赤字。近年来，东帝汶政府在促进经济多样化的战略投资项目上的支出增加，同时由于石油产量的减少造成石油收入下降，财政赤字持续存在并具有扩大的趋势。2006～2017年财政赤字变化如表4-15所示，2016年以来东帝汶财政赤字规模有较大减小。2018年可持续性收入大幅增长，超过了国内收入下降的幅度，因此，2018年财政赤字再次改善。然而，如果只考虑国内收入，即不包括所有石油基金收入，财政赤字将升至GDP的62%。财政赤字的改善大部分是由于石油基金的超额提款所致。2018年上半年现金余额非常低，在9月份预算案通过后，定期动用石油基金使财政赤字得以缓解。由于石油收入和投资回报超过总提款，石油基金余额又自2014年以来首次在2017年出现增长。但2018年底，全球金融市场形势趋紧，石油基金余额又降至160亿美元。2019年国家预算报告显示，东帝汶由于总收入的增加和支出的减少，财政赤字有所降低，但仍然很大。

表4-15 2006～2017年东帝汶财政赤字

年份	赤字额(美元)	赤字占GDP百分比(%)
2006	540953514	20.4
2007	1177204113	40.9
2008	2021746754	46
2009	1284956002	40.2
2010	1671379454	41.8
2011	2346045689	41.3
2012	2736015438	41.0
2013	2390035781	42.3
2014	1106158842	27.3
2015	224817400	7.2
2016	-533075100	-21.1
2017	-339080240	-11.5

资料来源：https：//countryeconomy.com/deficit/timor-leste。

东帝汶

东帝汶2016~2018年来政府支出占GDP的48.0%，而预算赤字平均占GDP的58.1%。2018年预算收入来自商品出口，主要是咖啡出口，同时侨民汇款有所上升，这也会增加2018年的预算收入，而由于与基础设施支出有关的需求，进口强劲增长。为了弥补经常账户赤字，东帝汶预计将继续利用其石油基金并从外国直接投资流入中受益。就政府净借款和贷款而言预计东帝汶仍将处于赤字状态，到中期（2018~2022年）结束时将收缩至GDP的26%，并在长期内逐步缩小至GDP的5%（2023~2037年）。东帝汶经常账户余额预计将会在中期内保持赤字，反映出石油和天然气收入下降，以及基础设施项目需求带来的商品和服务进口增加的情况。

目前东帝汶政府提出的改革方案，采取三管齐下的策略来保证财政长期的可持续性。在这种情况下，净贷款预计将在中期内提高至GDP的6%，并且从长期来看会进一步缩小到GDP的1.5%左右。长期而言，预计总收入约占GDP的11%，高于基准线情景下的总收入，该基准情景将使国内生产总值约占GDP 7%的支出增加，以名义价值恢复石油基金的资产。东帝汶迫切需要增强其经济多样化，为东帝汶年轻劳动力创造就业机会。石油收入的高度依赖性以及大型基础设施和社会发展需求的调整对东帝汶国家构成重大挑战。加之，长远看来，石油生产将有可能停止，这将会使东帝汶财政持续赤字和主权财富基金日渐枯竭。虽然近期经济增长前景看好，通胀压力较低，但中期前景和风险仍主要取决于财政和结构改革。公共投资的重要前期投入对财政的可持续性造成了巨大的风险，这是因为预算赤字融资需要大量的资金支持。公共基础设施项目需要能产生足够的社会和经济回报，实现经济技术包容性增长，然后转化为更高的税收回报，才会有助于恢复东帝汶财政状况的可持续性。

（二）政府债务规模

东帝汶接受国际货币基金组织政策指导，对外举债较为慎重。自建国以来，历届政府一直保持零负债。随着经济的发展，现有财政资金无法满足基础建设需要，2009年10月21日，东帝汶颁布了第13/2009号法律的《预算财务管理法》（也称为《港口法》）。这一部法律取代了过去八年定

第四章 经 济

义预算程序的东帝汶过渡当局2001-13法律条例。以前的东帝汶过渡当局条例没有授权东帝汶借款，因为东帝汶过渡当局不想让未来的独立国家承担联合国过渡时期行政当局的债务。但是，在新法律第20条中，详细阐述了国家如何借款，第21条规定了国家向人民或企业提供贷款的程序。2011年9月28日，颁布了关于公共债务制度的第13/2011号法律。6月初，东帝汶已开始实施了一项经部长理事会批准的债务政策。11月下旬，议会通过了2012年第16/2011号法律，2012年一般国家预算，它第一次授权借款高达1.6亿美元，其中在2012年可支出0.431亿美元。

东帝汶政府在国际机构的协助下，充分论证其债务承受能力，于2012年获国会批准对外举债，从而解除主权借款的法律障碍。2014年议会批准的签约上限为2.7亿美元，2015年为7000万美元。2014年底，东帝汶累计接受亚洲开发银行、世界银行、日本国际协力机构（JICA）3家机构共5笔贷款，总额约2.5亿美元。2016年突出的公共外债为7700万美元（占GDP的2.8%）。东帝汶对外举债主要是用于国家道路的修缮和改造升级帝力的排水基础设施。东帝汶2016年的预算中第一次包括了"全政府"偿还贷款的额度——25万美元，到2020年增加到29.2万美元。虽然不知道确切的数额，但据东帝汶的非政府组织La'o Hamutuk估计，仅到2020年已经签订的2.1亿美元贷款的偿还额将会在1000万美元左右。截至2017年11月，国际对东帝汶的贷款只有8300万美元已支付。然而，随着更多项目开始启动，未来几年贷款可能会迅速增加。根据国际货币基金组织2018年发布的《东帝汶债务可持续性分析》，东帝汶由债务危机"中度风险"的国家划定为债务危机风险较低的国家。

东帝汶的公共债务在过去几年一直非常低，完全由优惠贷款组成（见表4-16）。由于对债务融资的吸收有限，总体政府债务存量相对较低，2018年12月为1.68亿美元，相当于GDP的9%。截至2018年12月，已签署的对外贷款总额为3.55亿美元，其中大部分尚未支付。第一个贷款协议可以追溯到2012年，而第一个本金支付期限是2017年，包括利息和本金支付的偿债（或摊销）规模可以忽略不计。

表 4-16　2015~2024 年东帝汶公共债务规模（含预测）

	2015年	2016年	2017年	2018年	2019年(预测)	2020年(预测)	2021年(预测)	2022年(预测)	2023年(预测)	2024年(预测)
公共债务规模（单位：百万美元）	44	77	107	168	255	303	361	457	559	666
公共债务占GDP百分比（单位：%）	2.9	4.5	6.2	9.0	12.2	12.9	13.6	15.1	16.0	17.1

资料来源：国际债务基金组织，2019。

三　外汇

东帝汶的通用货币是美元，并发行与美元硬币等值的本国硬币，但其只能用现金支付交易。美元是国际货币体系的主要储备货币，同时也是美国的国家货币，以实现美国国内物价稳定和全面就业为主要目标。对其他国家的溢出效应在美联储的货币政策执行过程中往往被忽视，因此对于一个把美元作为通用货币的国家来说，可能会将大量的经济波动周期引入到该国家的经济中。这一周期与在国际金融体系中美元的汇率波动是相辅相成的。

由于东帝汶使用美元作为其通用货币，美元对其主要贸易伙伴货币的升值将提高东帝汶的海外购买力。美元实际有效汇率[①]自 2010 年以来一直在上升。2010~2015 年，由于东帝汶与贸易伙伴之间的高通胀差异，以及美元走强导致名义有效汇率上升，实际有效汇率每年升值约 7%。由于国内通货膨胀率较低，实际有效汇率在 2016 年开始下降，但在 2018 年随着通货膨胀率的上升和美国经济的复苏，实际有效汇率开始再次上升，

---

① 名义有效汇率（NEER）是双边汇率的贸易加权平均，是衡量国际竞争力的近似指标。实际有效汇率（REER）是剔除通货膨胀对各国货币购买力的影响，一国货币与所有贸易伙伴国货币双边名义汇率的加权平均数。

美元走强。但高估的汇率削弱了东帝汶本地生产的商品和服务的外部竞争力——除了在国际市场上以美元交易的咖啡。在缺乏有利于出口汇率机制的情况下，国内生产需要依靠提高生产率水平来提高竞争力。然而，汇率高估使进口相对便宜——例如食品、资本品和服务的进口。总体而言，当前东帝汶的汇率制度有助于宏观经济的稳定，尽管如此仍有必要通过提高劳动生产率来增强国际竞争力。

2008年金融危机结束后，东帝汶的外汇储备和黄金储备增长了62.5%。2010年东帝汶的外汇储备和黄金储备从2009年的2.5亿美元增加至为4.06亿美元，全球排名为第154位。石油基金和外汇储备总和的公共储蓄为149亿美元，是非石油年度国内生产总值的9.2倍。2015年东帝汶的外汇储备和黄金储备为4.38亿美元，全球排名降至第164位。东帝汶外汇储备波动较大，但2014年1月至2018年12月呈上升趋势，截至2018年12月为6.739亿美元。

第七节 对外经济关系

一 对外贸易政策

东帝汶的贸易主管部门为贸易、工业和环境部（Ministry of Commerce, Industry & Environment），其中，商业司是内外贸易的主管部门。东帝汶鼓励进出口贸易，对出口活动不征关税，进口关税税率平均为2.5%，只对少数产品实行关税限制，比如，对进口军火征收200%的关税，对豪华游艇或私人飞机进口征收20%的关税，对单价超过7万美元的小轿车征收35%的关税。

目前，东帝汶贸易法规体系还不完善，有2006年的《商业注册法》、2009年颁布的《餐饮业管理条例》、2011年的《进口汽车管理条例》等，此外还有一些部长决议。

在进出口商品检验检疫方面，东帝汶检验检疫的相关法律法规分别为2003年12月颁布的《进出口货物检验检疫卫生法》和2006年9月颁布

的《检验检疫管理条例》。东帝汶检验检疫法律法规参照国外相关法律制定，内容较完备，包括了对活的动植物及相关产品的规定。东帝汶要求进口动植物需要出口国检验检疫部门出具检验检疫安全的证明等，但东帝汶目前的检验检疫条件仍然很不完善。

在海关管理规章制度上，东帝汶海关管理法律法规包括2003年颁布的《受海关管控的旅客携带入境物品的法律和税收适用规定》和2006年颁布的《关税条例》等。东帝汶政府鼓励进出口贸易，只要持有合法证明文件，办理海关清关等手续都比较方便。

东帝汶没有正式的外汇管制，资金可以自由汇入和汇出。东帝汶各商业银行会根据东帝汶中央银行的要求对超过一定数额的资金交易履行报告义务，以反对洗钱犯罪。外国人携带现金超过5000美元出入境，需向海关如实申报；携带现金超过10000美元出入境，要获得明确授权。

二　对外贸易发展

对外贸易对东帝汶的经济极为重要，2018年其进出口总值占国内生产总值的23.7%。近年来，东帝汶积极发展外贸，努力扩大出口（见表4-17）。2017年，东帝汶出口额为1.08亿美元，成为世界第182大出口国/地区。从2012年到2017年，东帝汶的进口按年率计算下降了28.7%，从2012年的5.83亿美元下降到2017年的1.08亿美元。东帝汶的主要出口货物是石油（不经过本国出口）、咖啡等；进口货值前十类商品分别为成品油、汽车、粮食、机械及配件、电气产品、饮料、光学及照相器械、水泥、钢铁及药品。2017年，东帝汶咖啡主要出口到美国（489.35万美元）、德国（329.67万美元）、印度尼西亚（108.26万美元）、葡萄牙（93.73万美元）、中国台湾（57.28万美元）、日本（54.68万美元）、澳大利亚（53.05万美元）、比利时（37.8万美元）、韩国（34.96万美元）、印度（26.88万美元）、新西兰（21.08万美元）、越南（20.38万美元）和新加坡（11.37万美元）等国家和地区。

第四章 经 济

表4-17 2010~2017年东帝汶进出口贸易统计表

单位：百万美元

年份	出口	进口	贸易赤字
2010	66.8	408	341.2
2011	121	578	457
2012	583	661	78
2013	547	613	66
2014	119	628	509
2015	307	310	3
2016	58.7	539	480.3
2017	108	651	543
2018	46	565	519

数据来源：东帝汶数据统计局。

2018年，随着进口总额下降和出口总额增加，贸易逆差有所降低。2018年贸易逆差比2017年下降4%。其中，进口总额有所下降，因为服务进口的增加不足以弥补商品进口的下降。商品进口下降了3%，主要是由于汽车和机械进口的下降，尽管矿物燃料在一定程度上抵消了这些下降。然而，商品进口总额仍然很大，约为6.13亿美元，主要包括消费品和资本品。大多数商品进口来自东盟成员国，如印度尼西亚和新加坡，也有来自中国的。服务进口额也很大，2018年达到近4.5亿美元。仅旅游和建筑服务就占全部服务进口额的一半以上。事实上，在政府资本支出大幅增加的推动下，2018年第四季度建筑服务的强劲增长，避免了进口总额的大幅下降。商品出口增长了近50%，达到2500万美元，主要归功于咖啡——2018年咖啡的收成比2017年好，而咖啡约占所有出口商品总额的95%。应该指出的是，虽然石油收入（例如与石油生产有关的税收和特许权使用费）被记为主要收入，但石油并不被记为出口。除了咖啡，旅游服务也是出口总额的重要组成部分，占国内出口总额的64%。尽管机票价格的上涨可能会影响旅游业和商务旅行，但2018年旅游服务出口仍增长了6%。总体而言，2018年东帝汶出口总额约为0.46亿美元，仅

占进口总额的8%。鼓励出口对于确保贸易的可持续性是至关重要的，特别是因为赤字基本上是通过石油资源提供的资金弥补。

在2017年东帝汶商品主要对外出口国中，印度尼西亚（25.9%）居第一，其次分别是美国（22.8%）、德国（13.9%）、澳大利亚（6.1%）。在2017年东帝汶商品主要对外进口国中，印度尼西亚（32.1%）排第一，其次分别是中国（15.2%）、澳大利亚（14.9%）、新加坡（13.2%）。

据中国方面统计，2018年中国与东帝汶贸易额为1.355亿美元，同比增长1.15%。中国对东帝汶出口商品主要类别包括机电零部件、水泥、钢铁制品、陶瓷产品、纺织品、家具等。中国从东帝汶进口商品主要类别包括机电零部件、农产品、木制品等。中国与东帝汶贸易详情见表4-18。

表4-18 2010~2018年中国-东帝汶双边贸易统计

单位：万美元

年份	2010	2011	2012	2013	2014	2015	2016	2017	2018
进出口总额	4308	7218	6316	4778.3	6044.8	10670	16448	13395.6	13550
中国出口	4283	7044	6247	4738.6	6034.8	10600	16419	13259.7	13249
中国进口	25	174	69	39.7	10	70	29	135.9	301

资料来源：中国海关统计数据。

此外，在贸易关税方面，中国、澳大利亚、日本、新西兰、欧盟等对东帝汶产品免关税和配额。根据2012年11月欧盟委员会公布的新的普惠制（GSP）方案，将东帝汶列为普惠制第一类国家，自2014年1月1日至2023年12月31日，对东帝汶等49个最不发达国家的进口产品实行免关税政策。东帝汶还积极加入相关的国际贸易类经济类组织，成为经济全球化下的一员。东帝汶现已成为非洲、加勒比和太平洋地区国家集团（ACP），国际金融公司（IFC），美国海外私人投资公司（OPIC），多边投资担保机构（MIGA），葡语国家共同体，太平洋共同体（Pacific Community），南太平洋旅游组织（South Pacific Tourism Organization）等组织的成员。

三　外商投资与外国援助

（一）外商投资

东帝汶的投资主管部门是东帝汶贸易投资局（Trade Invest Timor-Leste），该局隶属于贸易、工业与环境部。东帝汶与投资合作相关的主要法律有《外商投资程序管理条例》、《石油法》和《私有投资法》等。东帝汶有关招商引资政策和相关办理程序主要来自于《私有投资法》和《外商投资程序管理条例》。《私有投资法》规范管理本国人、外国人、非居民个人或企业在东帝汶的投资行为。对油气资源和矿产资源的勘探、研究和开发，向终端消费者直接销售商品和设备等不属于该法的适用范围。其中，外商投资的主要规定包括：①法律未禁止的所有经济领域均可投资；②法律保证对投资予以保护；③除法律另有规定，外国投资者享有本国国民待遇；④尊重东帝汶参与缔结的国际协定对有关投资的规定；⑤投资者有权汇出投资收益和利润；⑥投资者有权雇用外国管理人才和技术工人；⑦投资者有权出售或转让直接投资资产；⑧对于可能发生的投资争议，可以在通常普遍接受的国际规则争端解决机制下仲裁。《石油法》主要是用来规范东帝汶的石油和天然气开采。根据《私有投资法》，东帝汶政府于2014年设立一个专门投资机构（AEI）（www.invest-tl.com），以吸引海外投资，为海外投资者提供便利，促进对外贸易。根据《私有投资法》，东帝汶鼓励外商投资于基础经济领域和商品进出口，对投资于部分农村、欧库西和阿陶罗岛等地区的投资者给予时间长短不一的免税待遇，包括免除进口关税待遇。但外国投资若要获得上述投资激励，最低投资须在150万美元以上，其中现金投入部分要占50%以上。在石油和矿产领域的投资行为按《石油法》和《矿产法》规定执行。根据规定，外国投资者可投资于除邮政服务、公共通信、受保护的自然保护区、武器生产与销售等由国家控制的领域以及法律禁止的其他活动（如犯罪活动和不道德的活动）以外的任何领域。与投资相关的法律法规还有《商业企业法》、《外商投资程序管理条例》、《商业注册法》和《税法》等。

就投资方式而言，在东帝汶无论是本土公司还是外商投资公司，均可

东帝汶

以普通合伙、有限合伙、有限责任或股份公司形式存在。外国企业也可以注册成立当地分支机构。东帝汶政府鼓励外资与当地人合资（不是硬性规定），但大部分外国人在东帝汶都采用独资方式。暂无有关外资并购安全审查、国有企业投资并购、反垄断、经营者集中审查等方面的法律；外资收并购的主要手续及操作流程，当地亦无此类咨询的专业机构。目前，东帝汶暂无关于外资开展建设—运营—转让（BOT）的专门规定。不过，关于公私合营方式，东帝汶《公私合营法》规定，适用于能源、交通、电信、卫生、教育等领域。2003 年 3 月，帝汶电信以 BOT 模式正式运营，目前已有用户 63.25 万个，信号覆盖 92% 的人口。2013 年 10 月，蒂巴港对外招标，拟以 PPP 模式筹资，以 BOT 模式经营，2016 年 6 月 3 日，法国博洛雷公司（Bollore）与东帝汶政府签订蒂巴港 30 年期特许经营权。该项目通过招标并最终确定中国港湾工程有限责任公司（CHEC）EPC 承包商，2017 年 12 月 12 日签订工程总承包合同，工期为自开工日起至第 32 个月。2014 年 2 月，东帝汶贸工部与中国台湾顺新公司签署备忘录，该公司拟投资 115 万美元以 BOT 模式在东帝汶建设一个污水处理厂。

为了吸引外来投资，东帝汶政府出台了一系列的关税和营业税减免的优惠政策，在不同地区投资可免除一定年限的国有土地租金，雇用当地劳工，可减免一定比例的应纳税额等，主要包括以下两点。（1）以下可免除关税和营业税：①资本商品和设备；②制造业所需原材料；③半成品商品；④应用于商品或提供服务等再生产用的组件和配件；⑤用于为没有公共电力供应地区的生产企业提供电力的燃料（汽油除外）。（2）免租金的国有土地和财产：①乡村地区的项目免除 7～12 年的租金；②欧库西和阿陶罗岛地区的项目可免除 9～15 年的租金。除此之外，东帝汶还出台了一些地区鼓励政策，即"14 号税收鼓励措施"。根据政策，外国投资者企业每雇用 1 名正式的东帝汶员工，可减免 300 美元应缴纳税额，减税的期限根据投资地点的不同，具体如下：①在市内投资并经营，可享受 5 年税收减免期；②在农村地区投资并经营，减税期限为 7 年；③在欧库西和阿陶罗岛地区，减税期限为 10 年。投资于基础设施，减税期限如下：①在市区投资并经营，减税期为 10 年；

②在农村地区投资并经营，减税期为 12 年；③在欧库西和阿陶罗岛地区投资或经营，减税期限为 15 年。投资于出口产业的减税期限：①在市区经营，减税期为 7 年；②在农村地区经营，减税期为 9 年；③在欧库西和阿陶罗岛地区经营，减税期限为 12 年。针对特殊经济区域东帝汶政府也出台了相关规定。2013 年，东帝汶政府通过决议，在欧库西地区设立经济特区，除享受原有税收优惠政策外，还可享受一企一策的特殊约定优惠待遇。根据 2014 年 6 月颁布实施的《欧库西经济特区创设法》，该经济特区于 2014 年 7 月正式成立。7 月 30 日，前总理、革阵总书记阿尔卡蒂里就任特区管理当局负责人。2015 年 1 月，东帝汶部长委员会批准向欧库西特区管理当局拨款 1.02 亿美元，并批准给予特区管理当局以人、财、物方面的支持。目前，欧库西路桥、机场项目已由印尼公司中标建设。

联合国贸发会议发布的《世界投资报告》显示，2017 年，东帝汶吸收外资流量为 0.7 亿美元；截至 2017 年底，东帝汶吸收外资存量为 3.39 亿美元。根据世界银行统计，东帝汶吸收外资的主要来源为新加坡、泰国、葡萄牙、澳大利亚、新西兰、英国、韩国和美国等。主要投资领域是旅馆、基础设施建设、咖啡豆种植和旅游等行业。2015 年初，喜力啤酒亚太公司与东帝汶签署协议，在东帝汶建一个生产啤酒、矿泉水和软饮料的工厂，项目计划总投资超过 4000 万美元，已于 2017 年完工并投产运行。另外，跨国公司 Pelican Paradise 计划投资 3.1 亿美元，在帝力至蒂巴之间建设一个五星级酒店。

目前中国对东帝汶投资主要以民营企业和个体为主，国有大中型企业亦有参与，主要投资领域为餐饮、酒店、百货、建材、服务业等。据中国商务部统计，2017 年中国对东帝汶直接投资流量为 1952 万美元。截至 2017 年末，中国对东帝汶直接投资存量为 1.74 亿美元。

（二）外国援助

1999 年底，世界银行首次召开东帝汶捐助国会议（2003 年 6 月改名为"东帝汶与发展伙伴会议"），此后每半年召开一次会议，讨论东帝汶财政预算和国家发展战略，并设立两个基金，即由联合国经管的统一信托

东帝汶

基金和世界银行经管的东帝汶信托基金,作为对东帝汶捐助渠道。自建国以来,外国援助对于保持东帝汶经济发展和政局稳定起到重要作用。

1999年中至2009年中,国际双边和多边机构在与东帝汶有关的方案上援助了大约52亿美元,其中只有一小部分用以发展东帝汶经济,而近90%用于支付国际工资、外籍士兵、海外采购、进口物资、顾问、海外管理等费用,估计仅有5.5亿美元进入东帝汶。1999年7月至2009年6月具体援助情况详见表4-19。

表4-19 1999年7月至2009年6月分配给东帝汶的援助

单位:百万美元

援助方	年份	金额	用于东帝汶经济发展	
			百分比(%)	金额
联合国特派团(大部分用于国际员工、士兵、物流等)		2353	6.4	151
东帝汶特派团	1999	92	5.4	5
东帝汶过渡行政当局	1999~2002	1430	5.4	77
东帝汶支助团	2002~2005	302	5.3	16
联合国驻东帝汶办事处	2005~2006	22	9.1	2
联合国综合特派团	2006~2009	507	10.1	51
国际军队(不包括上面列出的维和部队)		750	0.7	5
东帝汶国际维和部队(由出资国和日本支付)	1999~2000	250		
国际稳定部队(国际航运联合会、大部分是由澳大利亚支付)	2006~2009	500		
东帝汶信托基金(由世界银行和亚洲开发银行捐助资金)	2000~2005	170	20	34
捐助者预算支持(捐助者直接拨款给东帝汶政府)		204	50	102
双边和多边捐助项目		1730	15	260
总 计		5207	10.6	552

资料来源:联合国大会报告汇编的数据,经合组织在线数据库,东帝汶石油基金季度报告(BPA)。

2011~2015年，对东帝汶的官方发展援助超过2亿美元，但从2015年开始，东帝汶受到的非贷款援助大幅下降，导致东帝汶的非贷款援助历史水平最低，2017年总额为1.77亿美元。官方发展援助在综合来源预算（Combined Source Budget）中所占的比例有所下降，计划从2010年的23.5%下降到2019年的10%。2019年官方发展援助计划向东帝汶提供总额为2.226亿美元的援助，这包括1.626亿美元的非贷款资金和6亿美元的贷款（见图4-11）。

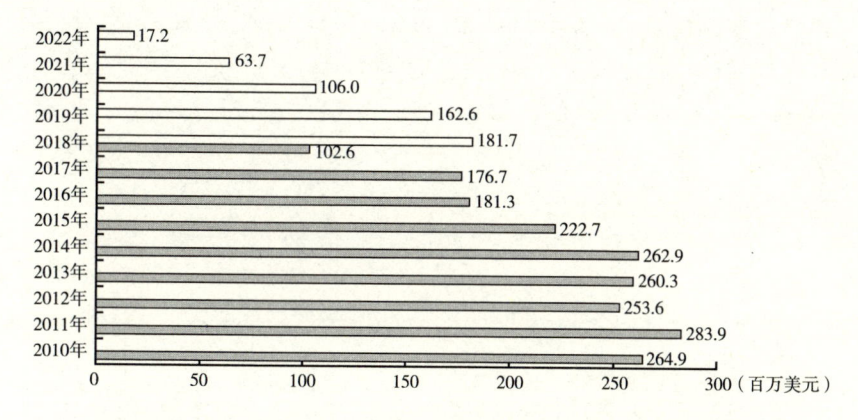

年份	金额（百万美元）
2022年	17.2
2021年	63.7
2020年	106.0
2019年	162.6
2018年	181.7
2017年	102.6
2016年	176.7
2015年	181.3
2014年	222.7
2013年	262.9
2012年	260.3
2011年	253.6
2010年	283.9
	264.9

图4-11　2010~2022年东帝汶非贷款发展援助趋势（含预测）

数据来源：2010~2018年数据来自东帝汶2015~2019年国家财政预算报告；2019~2022年数据来自Aid Transparency Portal网站。

第五章
军　事

第一节　军事发展

东帝汶国防军（德顿语：Forcas Defesa Timor Lorosae；葡萄牙语：Forçasde Defesa de Timor Leste）是负责保卫东帝汶国家安全的军事机构。东帝汶国防军于 2001 年 2 月成立，前身是成立于 1975 年 8 月的东帝汶民族解放军（葡萄牙语缩写是 FALINTIL），由两个小步兵营、一个小型海军部队和几个辅助部队组成。独立前的东帝汶国防军是由民族解放运动游击队组成的，名为东帝汶民族解放军。在 1999 年以前的一段时间内，一些东帝汶领导人提议未来的东帝汶国家不会有军事力量。然而，1999 年独立公民投票之后普遍存在的暴力和破坏以及向 FALINTIL 退伍军人提供就业的需求导致了政策的改变。在印度尼西亚统治结束之后，FALINTIL 提议建立一支大约 5000 人的军队。

2000 年中期，联合国东帝汶过渡行政当局（东帝汶过渡当局）邀请伦敦国王学院的一个小组对东帝汶的安全部队方案进行研究。该小组的报告确定了东帝汶军队的三个备选方案。备选方案 1 是基于 FALINTIL 的提议组建拥有 3000～5000 人的相对庞大而全副武装的军队；方案 2 是组建 1500 名正规军和 1500 名义务兵的部队；方案 3 是组建由 1500 名正规军和 1500 名志愿预备役人员组成的部队。研究小组建议方案 3 最适合东帝汶的安全需要和经济状况。东帝汶过渡当局于 2000 年 9 月接受了这一建议，并成为东帝汶国防规划的基础。该规划也被所有向东帝汶派出维和部队的

东帝汶

国家所接受。

2001年2月1日，首批650名东帝汶国防军成员从1736名前FALINTIL成员的申请人中选出，并于同年3月29日开始接受培训。国防军第一营于2001年6月29日成立，大多数成员来自东帝汶东部省份。第二营于2002年由第一营的干部成立，主要由21岁以下未参加独立斗争的新人员担任。由于部队较高的声望和较高的工资，该营的267个名额有7000人申请。国防军的小型海军部队于2001年12月成立。澳大利亚东帝汶过渡当局特遣队负责大部分国防军的训练，美国为这支部队提供装备。

东帝汶国防军存在的一些问题是由该部队建立的过程引起的。这一过程中的一个关键缺陷是，从FALINTIL成员中选拔军队候选人是由FALINTIL的高级指挥官决定的，没有外部监督。这种选拔在很大程度上是以申请人的政治忠诚为基础进行的，因此许多FALINTIL老兵感到他们被不公正地排除在军队之外，这削弱了部队在公众心中的地位。此外，东帝汶过渡当局没有通过制定立法和规划文件、行政支助安排和建立民主控制军事机制，为东帝汶安全部门的建立奠定一定的基础。东帝汶独立后，这些不作为行为仍未得到纠正。东帝汶国防军逐渐承担联合国维和部队对东帝汶安全的责任。劳特姆区是2002年7月首次进入东帝汶国防军安全保护的地区。尽管一些外国维和人员仍在东帝汶，但东帝汶国防军经过进一步训练后，于2004年5月20日接管了整个国家的外部安全责任。东帝汶国防军于2003年1月进行了第一次行动，被派去镇压埃尔梅拉区西帝汶民兵帮派的犯罪活动。在这次行动中，东帝汶国防军以"相对守纪和有序的方式"行动，逮捕了近100人，这些人在10天后没有被起诉反而被释放。东帝汶国防军自成立以来面临着严重的士气和纪律问题。造成这些问题的原因是国防军作用的不确定性、资源有限所导致服务条件差、FALINTIL从游击队组织转变为常规军事力量，政治以及区域对抗所造成的紧张局势。国防军的士气和纪律问题导致大批士兵受到纪律处分或解雇。东帝汶政府在2006年危机之前就已经意识到这些问题，但没有努力改变。东帝汶国防军和东帝汶国家警察之间的紧张关系也降低了东帝汶安全部队的行动能力。2003年和2004年，警察

第五章 军事

和国防军成员多次发生冲突，2003年9月和2004年12月，成群的士兵袭击了警察局。这些紧张关系与两个安全部门功能的重叠、东帝汶领导人成员之间的意见分歧、许多东帝汶国家警察成员在东帝汶独立之前曾与印度尼西亚国家警察一起服役以及东帝汶国防军是基于FALINTIL建立的等因素都有关。2003年，东帝汶政府建立3支配备现代武器的新的准军事警察部队。这些部队的组建引起东帝汶国防军一些成员对政府的不满。

国防军内部的紧张局势在2006年达到顶峰。1月，国防军中大多数部队的159名士兵在请愿书中向总统夏纳纳·古斯芒申诉说，来自该国东部的士兵比西部人受到的待遇更好。请愿者只得到了最低限度的回应，他们在三周后离开了军营，留下他们的武器。3月16日，国防军司令塔乌尔·马坦·鲁瓦克准将解雇了594名士兵，这几乎是部队士兵数量的一半。被解雇的士兵不仅限于请愿者，还包括约200名官员和其他等级人员。4月下旬危机升级为暴力。4月24日，请愿者和他们的一些支持者在帝力举行为期4天的示威游行活动，要求成立独立委员会处理他们的不满。4月28日发生暴力事件，当时一些参加抗议活动的请愿者和青年团伙袭击了政府大楼。国家警察部队未能遏制抗议活动，大楼遭到严重破坏。在暴力蔓延到帝力其他地区之后，总理马里·阿尔卡蒂里要求国防军帮助恢复秩序。4月29日在帝力部署了没有控制人群经验的部队，造成3人死亡。5月3日，国防军的军事警察部队司令阿尔弗雷多·雷纳多（Alfredo Reinado）少校和他的大多数士兵包括加斯高·萨辛哈（Gastão Salsinha）中尉辞职，抗议他们认为的"军队故意枪杀平民"。5月底，东帝汶安全部队的残余分子与反叛分子及帮派之间爆发了战斗。5月23日，雷纳多的反叛组织向Fatu Ahi地区的国防军和国家警察部队人员开火。5月24日，部队总部附近的国防军人员遭到一群反叛警察和武装平民的袭击。在危机期间，国防军和国家警察之间的关系进一步恶化，5月25日，国防军成员袭击国家警察总部，杀死了9名手无寸铁的警察。由于暴力升级，政府于5月25日被迫向国际维和部队求助。维和人员第二天抵达帝力，最终恢复了秩序。4月和5月的战斗中共有37人遇难，155000人逃

95

离家园。联合国在一项调查中发现，国防部长以及国防军司令在危机期间非法向平民转让武器，并建议对他们进行起诉。

2006年危机使得东帝汶国防军陷入困境。国防军的兵力从2006年1月的1435人下降到9月的715人，西方士兵在军队中的比例从65%下降到28%。东帝汶国防军在几个国家和联合国的支持下开始了重建进程，但在危机发生两年后仍未准备好恢复对东帝汶外部安全的责任。2004年，在澳大利亚政府的支持下，国防军指挥官组建了一支包括国际承包商在内的团队，为军方制定一份长期战略远景文件——《军队2020文件》（The Resulting Force 2020 Document）。该文件于2006年完成并于2007年公布。该文件提出，到2020年及以后发展东帝汶国防军的"理想"愿景，并且被确定为与防务白皮书具有同等地位。它建议通过引入征兵制将军队扩大到中期的3000名正式人员。它还制定了较长期的目标，例如2020年建立空中部队和购买现代武器，如反装甲武器、装甲运兵车和导弹艇。

《军队2020文件》与伦敦国王学院报告中的方案1类似。但国王学院的研究小组强烈建议不采用这种力量结构，认为它"负担不起"，并会引起人们关于征兵制对东帝汶社会和军备影响的担忧。该小组估计，维持这种部队体制的成本将占东帝汶年度国内生产总值的2.6%~3.3%，并"将成为东帝汶经济的沉重负担"。而《军队2020文件》似乎是在强调军事扩张，概述太空力量的长期（？~2075年）发展而非对其他政府部门服务，应对内部或外部的安全威胁，因而引发争议，联合国和澳大利亚、美国政府批评这项计划东帝汶负担不起，超出了东帝汶的需要，但东帝汶政府似乎已采纳。东帝汶总统拉莫斯·奥尔塔为该计划辩护，称该计划的通过将使东帝汶国防军成为一支能够捍卫东帝汶主权并为国家稳定作出贡献的专业部队。东帝汶防卫官员也强调，《军队2020文件》是一项长期计划，不会提出几年就取得先进武器。但是2011年，东帝汶国防军仍未改革训练和纪律标准，国防军内部的紧张局势也继续威胁部队的稳定。但是，东帝汶政府高度重视重建国防军并将其发展为一支能够打硬仗的部队。2012年，政府授权在2020年前将国防军扩大到3600人，其中约1/4是海军部队的成员。

第二节 国防体制和国防预算

一 国防体制

东帝汶宪法规定,总统是国防部队的最高指挥官,并有权任命国防军的指挥官和参谋长。部长理事会和国民议会负责为国防军提供资金并制定有关东帝汶安全的政策。东帝汶国防部队是负责东帝汶防务的军事机构。2012年8月8日,菲洛梅诺·达派尚·德热苏斯(Filomeno da Paixão de Jesus)担任国防部长。2005年东帝汶成立了国防安全高级理事会,该理事会就国防和安全政策、立法以及高级军事人员的任免提出建议。该理事会由总统担任主席,成员包括总理、国防部长、司法部长、内政部长、外交部长、国防军和国家警察局的最高指挥官以及来自国民议会的3名代表。然而,该理事会的作用并不明显,无论是该理事会还是议会,都无法阻止2006年解雇大量东帝汶国防军人员的决定。2011年10月6日少将莱雷·阿南·蒂穆尔(Lere Anan Timur)成为国防军的指挥官。

东帝汶宪法规定,东帝汶国防军应当是无党派立场的。应当依照宪法和其他法律的规定,服从主权国家的权力机构,不得干涉政治事务。东帝汶国防部成立于2002年,主要是为国防军提供民事监督。由于缺乏适当的工作人员,以及国防军高级军官和政府人员之间密切的政治关系,这种监督基本上无效,并且阻碍了东帝汶防务政策的实施、没有对国防军进行有效监督也限制了外国向国防军提供援助的意愿。2007年更名为国防和安全部,国防和安全部被组织为负责防务(包括国防军)和安全(包括国家警察)的部门,每个部门都由他们自己的国务卿领导。目前,东帝汶政府正努力在东帝汶综合团的协助下扩大国防部的职能,但工作人员的持续短缺限制了该部的工作开展。

二 国防预算

在《2011~2030年国家发展战略规划》中,东帝汶政府认为"投资国家安全不是负担,而是对我们国家未来重要的一项投资,对东帝汶的发展至关重要"。东帝汶近年军费开支大幅波动,2005~2017年总体呈上升趋势,2017年达到2500万美元(见表5-1)。2017年东帝汶军费占国内生产总值的比重为0.9%,与上年持平(见表5-2)。东帝汶军费在中央政府支出中所占比重虽有较大波动,但2008~2017年总体呈下降趋势,2017年东帝汶军费占中央政府支出的1.7%(见表5-3)。有关数据显示,2010年东帝汶武器进口额为1800万美元(仅公布这一年的数据)。东帝汶政府利用该国石油和天然气行业的部分收入,购买军事装备。目前东帝汶军队不从事任何生产经营活动。资金不足一定程度上制约了东帝汶国防事业的发展。

表5-1 2005~2017年东帝汶军费变化

单位:百万美元

年份	军费
2017	256
2016	26
2015	37
2014	30
2013	32
2012	33
2011	21
2010	26
2009	36
2008	24
2007	24
2006	17
2005	8

资料来源:https://knoema.com/。

表 5-2　2005~2017 年东帝汶军费开支占国内生产总值的比重

单位：%

年份	占比
2017	0.9
2016	0.9
2015	1.2
2014	0.7
2013	0.6
2012	0.5
2011	0.3
2010	0.6
2009	1.1
2008	0.5
2007	0.8
2006	0.6
2005	0.5

资料来源：https://knoema.com/。

表 5-3　2005~2017 年东帝汶军费占中央政府支出的比例

单位：%

年份	占比
2017	1.7
2016	1.4
2015	2.4
2014	1.8
2013	2.4
2012	2.2
2011	1.5
2010	2.5
2009	4.1
2008	3.0
2007	5.8
2006	6.3
2005	3.0

资料来源：https://knoema.com/。

第三节　武装力量

东帝汶国防军由总部、陆地部队、海军部队和支援部队组成。东帝汶没有空军部队。东帝汶国防军在成立后在东帝汶建立了"规模最大,最先进"的情报网络,该网络的基础是在印度尼西亚占领期间建立的秘密抵抗报告网络。截至2011年,国防军拥有1500名常备军和1500名后备人员,但由于资金短缺,后备部分的组建不力,陆军的两个常规营的人数不足。

一　陆军

东帝汶国防军地面部队在初步建立时由两个轻型步兵营组成,每个营拥有600人的核定兵力。每个营由指挥部、3支步枪部队、1支支援部队组成。陆军部队规模虽很小,但在1999年印度尼西亚武装部队撤离之前,它使用的游击战术对抗数量具有压倒性优势的敌对力量是有效的,而且它能形成可靠的阻止入侵的威慑力量。陆军部队目前的原则是专注于低强度步兵作战战术以及平定叛乱任务。部队的大部分训练和行动都是在部门一级进行的,更大规模演习较为罕见。

到2016年,陆军的主要部分仍然是两个轻型步兵营。这些部队分别驻扎不同的基地。2004年,第一营驻扎在包考,在拉加海边的海岸村庄有一支特遣队。2006年,第二营驻扎在梅蒂纳罗附近的尼古劳·洛巴托(Nicolau Lobato)训练中心。在2006年的危机中,第二营士兵几乎都被解雇了。2016年版的《军事平衡》提出,陆军需有1250名人员。

国防军只配备了小型武器,没有任何重武器。2007年版《简氏哨兵》(Jane's Sentinel)指出,东帝汶陆军部队已有以下装备:1560支M16步枪、75支M203榴弹发射器、8支狙击步枪和50支M1911A1手枪。还会订购另外75支M203榴弹发射器。国防军的大多数武器是由其他国家捐赠的。2010年由国际治理创新中心发布的对东帝汶安全部队的评估表明,

第五章 军 事

"东帝汶国防军的武器管理和控制系统虽然优于东帝汶国家警察局,但仍不完善"。

二 海军

国防军的海军部队于2001年12月成立,是葡萄牙从葡萄牙海军转移了两艘小型Albatroz级巡逻艇而来,但是其建立没有得到伦敦国王学院研究小组、联合国以及东帝汶的其他捐助者的支持,理由是东帝汶无力承担海军建设的费用。

海军部队的作用是进行渔业和边境保护巡逻,并确保与欧库西飞地的海上交通线保持畅通。所有的军舰都位于帝力以东几千米处的赫拉港。根据《军队2020文件》,海军部队可能扩大到装备护卫舰规模的船只和登陆艇的轻巡逻部队。

2008年4月12日,东帝汶与中国签署了关于订购2艘中国建造的43米62型巡逻艇的合同。这些船只将取代Albatroz级巡罗艇,用于保护东帝汶的渔业。这一合同还包括派30~40名东帝汶人员到中国接受培训。这2艘巡逻艇于2010年6月从中国运抵,并于当月11日被命名为Jaco级。据报道,2010年11月,东帝汶向韩国预订了2艘巡逻艇。在此情况下,韩国向东帝汶捐赠3艘韩国海军前Chamsuri级巡逻艇,并于2011年9月26日服役。2011年3月,东帝汶政府还从印度尼西亚PT Pal公司订购了2艘快速巡逻艇,价格为4000万美元。

英国国际战略研究所发布的《军事平衡2016》将东帝汶海军部队的规模列为80人。2011年版的《简氏哨兵》将海军部队的实力提高到250人;该来源还表示,2011年开始从现有的海军部队人员、陆军和平民成员中征聘约60人组成强大的海军陆战队。海军陆战队将作为特种作战部队服役。2017年,东帝汶接受了澳大利亚政府提供的2艘新Guardian级巡逻艇和相关培训、后勤援助。这些巡逻艇只将于2023年交付。

当前东帝汶舰队服役的海军舰艇有:NTRL Jaco(P211)Jaco级巡逻艇(基于062级炮舰)、NTRL Betanao(P212)Jaco级巡逻艇(基于062

级炮舰）、NTRL Kamenassa（韩国海军前 Chamsuri 级巡逻艇）、NTRL Dili（韩国海军前 Chamsuri 级巡逻艇）、NTRL Hera（韩国海军前 Chamsuri 级巡逻艇）。已经退役的海军舰只主要包括 NTRL Oecusse（P101）即葡萄牙海军前 NRP Albatroz（P1012）Albatroz 级巡逻艇、NTRL Atauro（P102）即葡萄牙海军前 NRP Açor（P1163）Albatroz 级巡逻艇。

三 空军

目前东帝汶国防军无空军，但是鉴于东帝汶的气候和地形特征，建立空军部队对于东帝汶武装部队来说是必不可少的，因为它能高效地支持轻型海军部队和陆军的各种任务。其部署的概念应根据武装部队的作战概念加以界定。可以特别考虑在这种能力的发展范围内，将其整合在轻质海军力量内。在未来发展东帝汶空军的前景范围内，空中资源可以系统地、相互依存地与海军资源联系在一起。此外，东帝汶还计划在不同战略点建造直升机场和军民两用的多功能机场。目前东帝汶的主要机场是帝力尼古劳·洛巴托总统国际机场（Oili Presidente Nicolau Lobato International Airport），也叫科摩罗机场（Comoro Airport）。该机场跑道长度为 1850 米，可供波音 727 及类似机型飞机起飞。目前该机场是东帝汶唯一获准以包机方式进行常规商业经营的国际机场。另外，包考国际机场也是东帝汶的主要机场，其曾是印尼军方的主要机场。较之帝力尼古劳·洛巴托总统国际机场，包考国际机场的跑道更长更好。根据东帝汶发布的《军队 2020 文件》，包考国际机场有望打造成纵深空袭的支援点以及对其他国家进行直接和后方防御的先遣点。

第四节 军事制度

一 兵役制度

东帝汶实行志愿兵役制，招募对象为 18 岁以上的所有东帝汶公民，其中包括妇女，规定服役期有 18 个月。至 2013 年 5 月，引入征兵制度的

第五章 军　事

工作仍在讨论之中。2001年东帝汶国防军的首批650名成员从1736名前FALINTIL申请者中挑选，并于同年3月开始接受培训。政府发誓要继续支持退伍军人，确保他们以应有的尊严退休。2010年的统计数据显示，目前在可服兵役的人中，男性（16岁至49岁）人数为305643人，女性（16岁至49岁）人数为293052人；在适合服兵役的人中，男性（16岁至49岁）人数为243120人，女性（16岁至49岁）人数为251061人；在每年达到适合服兵役的重要年龄的人数中，男性人数为12737人，女性人数为12389人。截至2010年2月，只有7%的新兵是女性。政府会继续让女性在国防方面发挥越来越大的作用。

东帝汶国防部2006年颁布了军事晋升制度。军事晋升制度中规定服役军人不论血统、性别、种族、出生地、政治、宗教或意识形态的信仰、经济或社会地位都有资格参与晋升。一般而言，东帝汶的军事等级分为军官、中士、下士/士兵（见表5-4）。

表5-4　东帝汶军阶划分

等级	次等级	细化等级
军官	将级军官	准将和其他高级将领
	高级军官	上校、中校、少校
	上尉	上尉
	士官	中尉
		少尉
中士	—	军士长
		二级军士长
		陆军上士
		参谋军士
		中士
下士	—	下士
		列兵

资料来源：根据东帝汶2006年军事晋升制度整理而得。

二 军事训练

关于东帝汶的军事训练最重要的是澳大利亚的国防合作项目（Defence Cooperation Program，DCP）。该计划自2001年初开始运行，作为澳大利亚区域性国防合作项目在太平洋地区活动的一部分，澳东国际合作项目旨在通过军事训练、建议和支持协助东帝汶国防军的发展。国防合作项目独立于联合国军事委员会在东帝汶的军事行动。根据国防合作项目内容，澳大利亚与东帝汶国防军开展了以下军事训练：首先是英语教学，这为东帝汶军事人员接受进一步军事教育和培训打下了基础；其次是初级军事人员的领导力培训、发展和技能的提升；在指挥、领导力、纪律、军事规划、后勤和行政方面的高级军事人员培训；支持军事指挥网络的通信、设备和管理培训；包括部队发展、军事理论、财政预算及协调咨询等方面在内的高级国防军事咨询培训。2009年3月澳大利亚国防部部长与东帝汶总理夏纳纳·古斯芒协商在东帝汶国防军梅蒂纳罗训练基地开设军事专业人员训练部，准备斥资600万美元用于建设该训练部。

此外，东帝汶还积极参加与相关国家联合举行的军事演习训练，以提高东帝汶国防部队的实力。参与最大的军事演习就是美国"海上联合战备和训练"（CARAT）。2016年，一些东帝汶的部队与至少4支美国海军陆战队参加了第四届年度海上联合战备和训练。美国军事人员在作战战术、信息收集、小型飞机维修以及人员计划方面对东帝汶军队予以指导。

第六章
文化与社会

第一节 文化概述

一 文化发展历程

东帝汶文化的形成过程，带有深刻的历史痕迹。根据东帝汶文化的发展历程，可以将其分为原始社会时期的原住民文化、近代通过宗教传播的葡萄牙文化以及现代通过学校教育传播的印度尼西亚文化。

原始社会时期东帝汶的原住民文化。约公元前 40000～公元前 20000 年，来自古锡兰（位于今斯里兰卡）的维多-澳大利亚人（Vedo - Australoin）迁移到此地，并以打鱼、捕猎和采集为生，形成了当地早期的原始人类文化。在此以后，继承这种原始文化的人成为当地的原住民。但是，长期不稳定的战乱环境和不断加速发展的城镇化进程使得原住民日渐丧失了生存基础，主导地位日渐衰落。

16 世纪东帝汶文化受到葡萄牙文化的冲击。进入 16 世纪以后，东帝汶的本土文化遭到了外来文化的巨大冲击。1520 年，葡萄牙殖民者在统治东帝汶之后，展开了大规模的文化同化运动。此外，殖民者还修建大批天主教堂，强迫当地人改信天主教。这也使得天主教成为东帝汶境内占据主导地位的宗教，但葡萄牙文化的继承者为少数人，他们要么受到过正统葡式教育，要么具有葡萄牙血统。

20 世纪的印度尼西亚文化通过学校教育在东帝汶传播。20 世纪 70

东帝汶

年代中后期开始,印度尼西亚文化在东帝汶得到广泛传播,并对东帝汶本土文化造成极大冲击。1976年,印度尼西亚宣布东帝汶成为其第27个省之后,便开始了与此前不同的文化政策。在民族政策方面,苏哈托政权极力推行民族同化政策,鼓励印度尼西亚人大规模向东帝汶移民,希望改变其种族成分。在教育方面,设立大批学校,并以这些学校为载体,强行在东帝汶境内推行印度尼西亚语和印度尼西亚特色的文化教育。这些政策对于印度尼西亚文化在东帝汶的传播起到重要作用。但是在东帝汶,印度尼西亚文化的继承者仍是少数,主要包括印度尼西亚政府扶植的亲印度尼西亚派、印度尼西亚移民和被迫接受过印度尼西亚教育的青年。

二 文化艺术概况

东帝汶有着丰富和多样的文化遗产。在东帝汶的每一个地方,都有各自的语言、舞蹈、音乐、其他的文化和艺术形式,这是东帝汶的一大特点。为了实现2030年文化繁荣的目标,东帝汶政府提出,需要鼓励文化多样性,提高公民对文化遗产和共同历史的重视,同时把东帝汶文化从其他文化中得到的东西融合起来,以丰富自身的文化内容。东帝汶政府意识到丰富文化艺术的重要性,认为如果忽视了自身的文化与历史,或者只是单单看到自己眼前生活的各方面,那么就将被全球化的浪潮淹没,甚至面临着失去自身特有文化的风险。为了保护文化的独特性,东帝汶政府提倡,应当鼓励和发展东帝汶文化,并将创意艺术融入经济发展之中。然而,不断的战乱和动荡的社会环境使得东帝汶许多地区具有重要意义的文化遗产、文化记录和档案馆遭到严重破坏,或被洗劫一空。现在保存在帝力安全仓库中的文物仅有800件。

自2002年独立以来,东帝汶政府采取措施鼓励保护国内的文化遗产。帝力的国会大厦得到重建,其历史意义得到保存。"勇气纪念馆"(The Dare Memorial)在2010年开始向公众开放。东帝汶人民抵抗侵略档案馆和纪念馆(Timorese Resistance Archive and Museum)的第一阶段工程在2005年竣工。帝力已经建立了社区多媒体中心,这使社区居民能够通过

第六章 文化与社会

互联网访问以前无法获得的信息和网络。此外，东帝汶政府进行了国家文化数据库建设。这个数据库对东帝汶各个地区的文化、艺术和文化遗产进行了记录。通过图片和视频，数据库记录了工艺品、建筑、仪式、舞蹈、音乐、其他艺术和工艺细节。它还包含了来自世界各地关于东帝汶的材料和视觉记录。

东帝汶政府提出，必须增强文化传统与当代文化创造性实践的结合，这既有助于国家的整体形象、身份认同度以及民族自豪感的提升，并且还促进了以出口为导向的创新型经济和文化旅游业的发展。因此，东帝汶政府将其过去和现在的文化实践发展为创造收入、就业和出口的创新型文化产业，这同时也是在为东帝汶社区建设和文化多样性作贡献。创新型产业涵盖了编织、雕刻、绘画、设计、音乐、表演以及戏剧制作、舞蹈、电影、广播和电视制作、写作、出版和广告等方面。这些文化产业方面的实践特点在于，人们利用创造力和文化知识来创造收入和财富。以岩石艺术这一文化艺术为例，岩石艺术是东帝汶文化艺术中十分独特的内容。东帝汶是东南亚岩石艺术最为丰富的国家，这些岩石分布在岛上30多个地点。大部分的岩石艺术作品都分布在尼诺·科尼斯·桑塔纳国家公园里，有2000~3000年的历史，有些可能有12000年的历史。这些岩画内容包括人、动物和船只。在勒内·哈拉（Lene Hara）洞穴的贝壳类动物中，动物的骨骼和石器已经被挖掘出来，距今已有35000年的历史。岩石艺术所使用的方法是用竹子或直接从嘴中喷出用红赭石制成的颜料，将图案画在石头上。这种艺术是东帝汶文化的重要组成部分，现在它已经成为东帝汶文化旅游产业的重要部分之一。

三　文化建设举措

东帝汶政府2011年制定了东帝汶文化发展战略，其目标包括短期、中期和长期。短期：①正式运行东帝汶博物馆和文化中心（The Museum and Cultural Centre of Timor-Leste）和东帝汶国家图书馆和档案中心（The National Library and Archives Centre of Timor-Leste）；②在帝力周边地区推

东帝汶

行一项定期的户外电影院计划，每个地区居民至少每个月都可以在移动影院观看电影；③全国各地将有适当的村庄为游客提供住宿。中期：①设立国家剧院和舞蹈团，定期到全国各地巡演；②在东帝汶国立大学增设艺术学学位。长期：①在全国13个省建立区域文化中心；②在全国范围内将大约5%的工作安排在创新型产业部门。为实现上述文化发展目标，东帝汶从以下三方面进行文化建设。

（一）文化机构建设

文化机构在保护东帝汶的文化传统方面发挥着关键作用。它们不仅是当地学生学习的地方，还吸引着大批想了解东帝汶文化的游客。因此东帝汶政府致力于建设以下三个文化机构。

东帝汶博物馆和文化中心：东帝汶计划将此建设成举办文化遗产展览的地点，以此展示东帝汶的历史文化。该中心目前保存有大约800件地质藏品。博物馆和文化中心将按照国际标准设计和建造，以保护文物、绘画、书籍和收藏中的其他物品免受高湿度、火灾或其他危险的伤害。

东帝汶国家图书馆和档案中心：该中心将按照国际图书馆的标准设计和建设。该文化机构完全建成后，将成为一个支持东帝汶教育系统的高质量机构。目前，该机构向公众开放，并支持全国各地的图书馆网络。

区域文化中心（Regional Cultural Centres）：文化中心将在每个省建造，以突出东帝汶的音乐、艺术和舞蹈，这不仅能展示区域文化，而且有利于跨地域文化交流。每个省文化中心将包括一个图书馆、一个使用互联网新技术的媒体中心，以及会议室和办公室。这些机构将被开发成具有葡萄牙历史遗产价值的建筑，以确保建筑遗产与文化遗产一起保存。东帝汶政府承诺在2030年前确保每一个省至少有一家区域文化中心。

（二）文化教育建设

国家艺术与创意产业学院（National Academy of Arts and Creative Industries）是东帝汶政府为了发展文化产业和创新型产业的一个重要举措。学院将为创意艺术提供综合支持，包括培训和推广创意艺术。该学院既关注传统的东帝汶艺术形式，如音乐、舞蹈、工艺和设计，又着眼于并鼓励创新的方式来重新诠释传统艺术的内容。

东帝汶有许多优秀的音乐家。传统音乐需要经过研究和保存，才能成为国家文化档案的一部分。与此同时，东帝汶拥有丰富的音乐资源，可以通过"世界音乐"流派发展并获得国际知名度，也为许多不同年龄段的东帝汶音乐家提供更好的职业发展机会。在音乐教育方面，国家艺术与创意产业学院计划开设一所音乐学院，以促进音乐领域的艺术创作。音乐学院将作为一个全国性的学习和创意中心，使东帝汶公民接受音乐教育，并保存和记录音乐曲目、歌曲、舞蹈，以及进行音乐学学术研究。国家艺术与创意产业学院还将开设一所美术学院，它将成为东帝汶视觉艺术研究中心和艺术家的培训基地，旨在提高他们的艺术水平。

（三）其他方面的文化建设

在工艺方面，东帝汶有一个本土工艺技能基地，主要生产纺织、陶瓷、珠宝、木雕、金属制品和皮革制品。东帝汶的本土工艺传统可以为其创新型经济提供两项重要的贡献：首先，它能促进国家市场的分化；其次，它可以作为工艺技能培训和教育的基础。因此，东帝汶政府一方面将博物馆和文化中心建设成保存和保护来自全国各地传统帝汶船只遗产的基地；另一方面将国家艺术与创意产业学院建设成提供工艺技能和市场营销方面教育培训的基地，以传承东帝汶的本土工艺技能。

在舞蹈艺术方面，东帝汶有传统舞和现代舞的表演者，他们可以为旅游业作出重大贡献。虽然东帝汶剧场数量不多，但这些剧场具有创新性，能探索传统和现代舞蹈与艺术的内容。东帝汶计划成立国家剧院和舞蹈团，用以培训演员和舞者。

在影视文化方面，东帝汶政府计划利用新的视听技术来增加帝力文化设施数量。此外，还将在全国范围内逐步普及电视、广播和其他视听通信设备，以增进人们对东帝汶各区域文化的了解。电影是当代最具影响力的艺术表现形式之一，无论受众的背景或经历有多大差异，电影都能与世界各地的人们产生共鸣。目前，东帝汶已经开始发展影视行业。东帝汶第一部电影是由帝莫里人在帝力编写、导演和制作的，现在越来越多的东帝汶纪录片正在制作中。东帝汶政府计划在帝力及周边地区设立户外电影院，

放映世界各地的电影和纪录片。同时在帝力之外的地区也将推出移动户外电影项目，方便民众观看电影，让民众有机会看到世界各地优秀的电影。除此之外，东帝汶政府将出资鼓励东帝汶电影和电视部门的发展，以便尽早在帝力建成一家现代电影院。

四　新闻媒体

东帝汶主要报纸有《帝汶邮报》和《东帝汶之声》。其中，《帝汶邮报》于 2002 年 11 月 8 日创办，主要语言是葡萄牙语，日发行量 2000 份；《东帝汶之声》的语言包括德顿语、印度尼西亚语和葡萄牙语，日发行量约为 2000 份。东帝汶尚未成立通讯社，主要的葡萄牙语新闻来源于葡萄牙卢萨社（葡通社）。主要的电台和电视台有：东帝汶国家电台、东帝汶电视台和东帝汶民族解放军电台。东帝汶国家电台节目在全国范围内的覆盖率为 90%，播出语言是葡萄牙语和德顿语；东帝汶电视台节目在全国范围内的覆盖率为 30%，播出语言是葡萄牙语和德顿语；东帝汶民族解放军电台又称希望之声，用德顿语和葡萄牙语广播。

第二节　教育

一　教育概况

由于独立后时间较短和较落后的经济现实，东帝汶的总体教育水平不高。截至 2014 年，东帝汶共有 700 所小学、100 所中学和 10 所科技院校。东帝汶国立大学是东帝汶唯一一所公立大学，于 2000 年 11 月重新开办，共有在校生 5000 人，下设政治科学学院、农学院、经济与管理学院、科学教育学院、法律学院、工程学院和医学院 7 个学院。东帝汶国立大学肩负着为国家建设发展提供高层次人才的重任，致力于传播科学知识，促进思想与文化发展。同时，东帝汶国立大学积极与政府部门合作开展研究，为国家经济的发展提供专业人才。根据 20 世纪 70 年代初期的一项调查数据，东帝汶人口约为62万人，识字人数仅约3万人，约占总人口的4.8%。而1996年的数据显示，当时就读小学的东帝汶公民有14万人，大致占15岁以下人口的36%，就读初中的公民人数有2.7万人，而就读高职或高中的学生总共1.6万人。2007年，15岁以上成年文盲率49%，其中农村文盲率达80%左右，入学率为66%。2011年，15岁以上成年文盲率为50.6%，入学率为82.7%。

二　教育体制

东帝汶的教育体制包括学前教育（pre-school education）、基础教育（basic education）、中等教育（secondary education）和高等教育（higher education）四个阶段。而此前东帝汶的教育体制是一种"6-3-3"的模式，即6年的初等教育（primary education）、3年的中等前教育（pre-secondary education）和3年的中等教育。

（一）学前教育

在学前教育方面，东帝汶面临着许多困境。首先，接受学前教育的儿童比例低。在3~6岁的东帝汶儿童中，目前只有11%在接受学前教育。在1999年，东帝汶有3835名儿童接受学前教育。2010~2011学年的数据表明，在全国范围内有180所幼儿园，其中包括141所独立于小学的幼儿园；接受学前教育的儿童的数量已经达到10159名，幼儿园教师的数量达到了238名。其次，学前教育入学率存在着较大的城乡差异，政府对学前教育的支持力度不够。城镇的学前教育入学率远远高于乡村。东帝汶180所幼儿园中有140所是由社区开办的，而余下的40所幼儿园才是由政府出资开办。

（二）基础教育

在基础教育方面，东帝汶政府通过教育改革取得了一定的进步。这种进步主要体现在学生接受基础教育范围的扩大和基础教育质量的提高。自1999年起，东帝汶政府的教育政策重心开始偏向于基础教育方面，并且取得一定效果。

表 6-1　2000 年与 2010 年东帝汶基础教育数据比较

单位：人

		2000 年	2010 年
学生数量	小学	190000	229974
	中学	21810	60481
教师数量	小学	3860	7583
	中学	65	2412

资料来源：笔者自行整理。

从表 6-1 可以看出，2000~2010 年，东帝汶在基础教育方面的成就主要体现在学生和教师的数量和规模上。教师数量和规模上的增长表明东帝汶政府对于基础教育的重视及其政策偏向，基础教育得到了较好的发展。另外，东帝汶政府在基础教育的入学率方面也有自身的明确目标。东帝汶政府明确提出要让一年级至六年级适龄儿童入学率超过 90%。

然而，东帝汶在基础教育方面也面临着困难和挑战。面临的首要困难是适龄儿童入学问题。2010 年，适龄入学学生的比例为 54%。这意味着 46% 的学生要么过早入学，要么过晚入学。面临的第二个问题是辍学现象严重。在九年级之前，就有超过 70% 的学生辍学，辍学率在小学的前两年更高。面临的第三个问题是男女生比例不平衡。在小学和中学，男生的人数多于女生，男女比例大致为 10∶9。面临的最后一个问题则是学校的基础设施。尽管东帝汶各个学校基础设施落后的状况在近年来得到改善，但学校教室数量仍然很少、教学设施依然落后，甚至面临着缺水缺电的状况。上述现状都使得学校很难能够开展正常的教学活动。除此之外，在管理体制方面，东帝汶教育管理机制过于集中，从而出现了效率低下、教育质量低的问题。

(三) 中等教育

在东帝汶的教育体制中，中等教育的载体是中等学校（secondary school）。在中等学校中，两类学校主要承担起了中等教育的任务，这两类学校即普通高中（general school）和技术学校（technical school）。2010年在东帝汶的中等教育学校中，共有40781名学生和2073名教师。东帝汶共有91所中等学校，其中有74所属于普通高中，17所属于技术学校。在普通高中当中，有43所公立普通高中和31所私立普通高中。在技术学校中，有12所公立技术学校和5所私立技术学校。而能从技术学校毕业的学生很少，在这类学校中，只有大约12%的学生才能完成课业并顺利毕业。表6-2反映出东帝汶普通高中和技术学校之间的对比，从中可以看出，东帝汶的中等教育体制中，普通高中在学生数量、教师数量和学校数量方面都远多于技术学校。

表 6-2　2010年东帝汶的中等教育

	普通高中	技术学校	总数
学生数量(人)	35062	5719	40781
教师数量(人)	1696	377	2073
学校数量(所)	74	17	91

资料来源：笔者自行整理。

东帝汶在提升中等教育质量方面也有许多困难。例如课程满足国家发展需要的程度低、教师未人尽其用、教师与学生数量的比率低。另外，教学质量依旧很低，许多教师甚至在教学过程中难以正确使用官方语言。

（四）高等教育

东帝汶的高等教育分为两类，分别是技术教育（technical education）和大学教育（university education）。政府在技术教育和大学教育方面大力出资，旨在尽可能让更多的学生接受高质量的高等教育。在2004年以前，东帝汶的17家高等教育机构拥有超过13000名学生。在2011年初，11家高等教育机构正常运行，其中9家拥有合法运营资格并且招收了大约27010名学生。自2009年开始，高校的女性入学率提高了70%。

东帝汶的高校分为公立高校和私立高校。在公立高校中，东帝汶国立大学是典型代表。此外，东帝汶约有10所私立高校。东帝汶的高等教育现状要求私立高校提高自身课程的质量和适用性，进而满足社会和经济发展对专业人才的需求。

三　教育改革

根据东帝汶的教育现状并基于现有的教育体制，东帝汶政府提出了一系列教育改革的方案与措施。总体而言，东帝汶政府教育改革的目标是让所有适龄儿童入学，接受平等的教育以及学习赖以生存的知识和技能，并对国家发展作出积极贡献。为了实现这一目标，东帝汶政府提出，首先，保证全国适龄儿童的受教育权。其次，提高教育的公正性和平等性。最后，提高教育投入，加大教育基础设施的建设，促进教育工作者数量的增多。而在各个教育阶段，东帝汶政府也提出了相应的改革措施和设想。

（一）学前教育

为保证东帝汶适龄儿童接受学前教育，东帝汶政府提出，要扩大学前教育的规模，提高学前教育的质量，以提供一套综合性、全面性的学前教育体制。另外，还将开设一套促进儿童全面发展的新课程。为了提高入学率以及为儿童将来的读写能力与计算能力夯实基础，教师用当地语言进行教学。

除此之外，东帝汶政府还提出了学前教育的未来目标和规划，到2030年，要建成设施完备、环境优美的幼儿园。幼儿园的数量将比2015年的数量增加169所，教室增加506间。在教师的培训方面，东帝汶政府将采用岗前培训和在职培训相结合的方式，在教学方法方面对教师进行指导。

（二）基础教育

东帝汶政府将在以下方面推行基础教育的重大改革。

（1）研究分析导致入学率降低和辍学率上升的深层次因素。

（2）确保学校基础设施（教学楼、食堂等）的建设，以满足扩大教育规模的需要和适龄入学儿童数量激增的需求。

（3）在国家教育培训中心对教师进行培训，以提高教师的教学水平，最终促进教学质量的提高。

（4）制定和执行现代化课程，为教师和学生提供可靠的教学和学习资源。

（5）在学校推行全新的分散式管理体系，以高效和持续地提升教育质量。具体做法是在每一个教学区域设立一个管理委员会，成员包括家长代表、教师代表和学生代表，最终推进学校教学活动的有序开展。

（三）中等教育

在中等教育方面，东帝汶政府宣布了总体战略，即要保证所有小学毕业生能够接受到中等教育。为了达到这一目标，东帝汶政府致力于提高中等教育入学率、提供足够的中等教育基础设施以及保证教师的教学水平，最终提高学生的学习水平和知识技能。具体而言，中等教育方面的措施主要如下。

（1）扩大每所中等学校的规模，以接纳更多的学生。这将包含一项综合性计划，也将满足普通高中和技术学校在改善基础设施方面的需求。其中，能够吸收60%适龄学生的技术学校的基础设施也会大大改善。

（2）建立能够容纳更多学生的现代学校，以替代传统学校。尽快构建一套完善的技术教育体系，课程范围涵盖经济学、农学、工学以及与服务行业相关的学科。

（3）建立全新的课程系统，以培养学生的交流能力、批判思维、创新意识和其他相关知识。全新的技术教育课程应以市场需求为导向，具体包括：①农学课程；②应用工程课程；③服务业课程，尤其是工商管理和旅游管理课程。通过这些课程的学习，学生能够对于自己将来从事的行业有一个直观深刻的认识与感受。

（四）高等教育

为了更好地应对国家高等教育面临的挑战，进而解决高等教育中的问题，东帝汶政府制定了两个目标。

（1）中级技术教育后为学生提供1~2年的专业性应用课程，在传授更广泛的科技和文化知识的同时，培养实际应用和解决问题的能力。理工学院或与理工学院有关的合作机构将为学生授课，并为学生颁发文凭、资格证书。

（2）大学教育的重点是研究和创造知识，为学生提供了更广泛和深入的科学知识、技术和文化资源，为他们进行进一步的研究或步入社会奠定基础。大学授予学生学士、硕士或博士学位。

总体而言，东帝汶政府在高等教育方面的改革目标是持续推进高等教育质量的提高，根据国际标准提供高等教育方面的服务。为了达到上述两项目标，东帝汶政府采取了以下措施。

（1）通过以下两种途径建立起高效率、高质量的监管体系：①所有高等院校进入到国家质量制度的资格注册过程；②国家质量保障机构的持续发展，如国家学术评估和鉴定机构应承担起为高等教育课程制定评估标准的责任。

（2）建立一套有效的管理系统，以调整政府干预高等教育的程度，并在目标预算方面做出有效选择。

（3）开办理工类学院，每类工业部门开设相应的专业性学院。例如，在苏艾开设一所石油工程学院，在洛斯帕罗斯开设旅游学院以及在南部海岸开设农学院。

（4）东帝汶国立大学应扩大至7个院系的规模，包括农学系、工学系、科技系、药学系、经管系、文教系、法律系和社会科学系。为支持工程训练这一重要领域，政府将建立全新的工程学院。

除了上述措施以外，东帝汶政府积极与高校加强联系，签订了一系列全新教育合作协议，拓展了政府和高校在教育合作方面的领域。例如，2011年4月26日，东帝汶社会团结和包容部部长与东帝汶国立大学签署了一项硕士课程的协议，旨在为设计、实施和监督社会保障计划提供培训，并加强对分摊养老金、养老金基金以及分配制度的研究，最终提高在全国范围提供公共服务公务员的专业技能。该项全新的硕士课程为公务员提供在社会保障方面设计、执行和监管方面的培训，课程研究的内容涵盖纳费型养老金、养老基金和分配制度等方面。

第三节　医疗卫生

一　医疗卫生概况

东帝汶政府声明，健康是优质生活的必要因素，尤其是东帝汶的儿童

第六章 文化与社会

有权享受优质的卫生保健服务。此外，政府还必须向人民提供营养丰富的食物、无污染的饮用水和良好的卫生设备。《东帝汶宪法》将医疗护理作为实现和保障所有公民基本权利的关键，并授权政府在全国范围内建立起普遍适用、全民免费的医疗体系。

通过一系列的医疗改革措施，东帝汶的医疗卫生状况得到了一定的改善。现在，有78%患基本疾病的儿童可以得到治疗，86%的孕妇得到一定程度的产前保健，2000年新生儿的死亡率被控制在5%以下。此外，肺结核治愈率达到85%。尽管医疗卫生改革取得一定成效，但东帝汶公民的健康状况依然不容乐观。例如，患慢性营养不良的人群的比率仍旧很高，5岁以下的儿童中有约1/3患有贫血，1/3的女性也患有贫血。

二 医疗卫生改革

为了改变当前的医疗卫生状况，东帝汶政府在《2011～2030年国家战略发展规划》中提出，战略发展计划涉及公共卫生和医疗服务的交付，这有助于打造一个健康的社会。

目前东帝汶政府各部门已经出台了旨在改善公民健康状况的具体措施。例如，农业部门在实现粮食自给、增加畜牧生产和渔业方面的积极行动将使更多样化和营养均衡的饮食得以实现；基础设施建设部门，如供电系统通过减少传统室内烹饪的污染物直接进入到室内，减少肺部疾病和胸部疾病。总体而言，环境卫生达到一定的适宜程度，将减少通过垃圾传播的传染性疾病，改善水质将减少胃肠道疾病和感染性疾病的患者。住房设施条件的提高，生育率的降低，家庭保健水平的提高将减少通过空气传播的疾病。道路、电信和互联网促进国家一体化进程，以便对紧急和关键卫生保健问题的管理。

东帝汶政府提出了医疗改革的总体规划：到2030年，在覆盖全体公民的优质卫生服务的帮助下，东帝汶公民的健康状况将得到很大的改善与提高。为了实现这一目标，东帝汶政府在卫生服务、卫生人力资源和卫生基础设施这三个具体方面不断努力。

东帝汶

（一）卫生服务

在卫生服务方面进行改革的目标包括：保证所有东帝汶公民享受到基本的卫生保健服务；关注妇女、儿童和其他弱势群体；建立能进行特殊护理的医疗机构。

1. 初级保健护理

对于东帝汶的大多数家庭而言，与健康系统的主要或第一次接触是通过初级健康护理服务。初级健康服务的主要载体是区域卫生服务，包括卫生所、小诊所和社区卫生中心。社区活动包括所有村庄的综合社区卫生服务，以及在学校和市场等其他地点进行的流动服务。

卫生所通常只有1名护士和1名助产士，并提供治疗、预防疾病和改善健康的服务。在街道一级，社区卫生中心的服务等级高于卫生所，有更多的医护人员，并在技术和管理方面对卫生所进行指导。每隔两周，社区卫生中心会提供一次"流动诊所"（mobile clinics）的服务，即医护人员驱车到没有卫生所的边远乡村进行上门的医疗服务。

在东帝汶全国范围内，初级保健服务网络为所有公民提供一揽子的基础服务，包括基本的治疗服务、免疫计划、妇幼保健、营养计划、结核病随访、精神卫生保健、健康状况的改善和教育。此外，一些社区卫生中心还提供牙病治疗、疟疾和肺结核的检查与治疗。

东帝汶政府制定了2015～2025年初级保健护理的改革计划。2015年，一项综合的一揽子计划帮助边远乡村的卫生所购置新设施，这使得边远地区1500～2000名民众受益。东帝汶政府还提出截至2020年，卫生所的设施条件必须有所改善，规模必须有所扩大，所有的卫生所至少要配备1名医生、2名护士和2名助产士。在初级保健护理的改革方面，还包括这项内容：社区卫生中心将为5000～15000人提供医疗保健服务，下辖4个左右的卫生所。在位置上，50个社区卫生中心将位于5个没有设立医院的地区。

在边远地区，医疗卫生服务也将在这些方面得到改变。政府将为距卫生所超过1小时路程的村庄配备1名当地的助产士，或者配备经过卫生部门专业培训的社区护工。政府还将为助产士提供卫生用品和交通工具，并鼓励助产士扎根乡村，为改善边远地区的卫生状态作出贡献。政府还将不断改善卫生资源的质量，以达到这样的水平：每2500名民众有1名卫生服务工作者，包括1名医生、家庭药品药房和1项基本的救护服务。

2. 私立医疗部门和非营利医疗部门

在东帝汶的卫生部门中，由私人运营管理的医疗机构在医疗卫生工作中起着重要作用。据估计，私立医疗部门承担着东帝汶1/4的基本卫生服务。此外，非营利部门也提供医疗服务。例如，最初为满足咖啡工人的卫生需求而建立起的非营利机构"东帝汶网络咖啡馆"设有8个固定诊所，以及24个流动诊所，提供类似于公共系统社区健康中心的服务，拥有包括五个区及首都帝力在内的74名工作人员。此外，全国范围内还有32家宗教诊所。在各区设有27间诊所，共有125名志愿医务人员。药店和其他非专业性的零售商店，往往没有处方，所以这些医疗机构通常会向公众出售药品，以确保符合适当的标准。

东帝汶政府还指出，为规范私立医疗机构和非营利性医疗机构的合规运营，立法工作正在推进，以保证公共卫生系统的有序运行和专业的卫生保障标准的顺利树立。卫生系统还将通过提高支持卫生服务管理和培训机构的能力，促进卫生保健质量的提高，建立与维护SAMES（国家药品和医疗用品商店）、人道主义危机的转诊和紧急系统以及国家实验室。

3. 孕婴保健

在孕产妇和婴幼儿的医疗保健方面，东帝汶政府也提出了一系列的改革措施。为进一步改善东帝汶孕产妇保健状况，政府采取措施，增加妇女获得高质量的产前、分娩、产后和计划生育健康服务的机会，让70%的孕妇得到至少4次的产前保健，65%的产妇得到助产服务。紧急产科护理水平将通过这一途径得到提高：在社区加强对产科并发症的检查和诊治。成人生殖健康服务也会通过一些措施得到改善，东帝汶政府承诺，将鼓励个人、家庭和社区为改善孕产妇保健和生殖健康服务作出贡献。此外，东帝汶政府还会建立数据库，加强产前保健的数据管理和分析。

在婴幼儿保健方面，东帝汶政府也做出一些努力。东帝汶政府提出了控制新生儿出生率和死亡率的要求。东帝汶政府认为，尽管近年来5岁以下儿童死亡率和新生儿死亡率均降低至5%以下,但依旧要采取措施尽最大可能降低东帝汶儿童的死亡人数。为了降低婴幼儿的死亡率,东帝汶政府努力提高婴幼儿和少儿的疾病预防和治疗服务能力,促进这类服务在质量水平上的提高和在覆盖范围上的扩大。具体措施包括:制定综合性儿童健康政策、扩大卫生系统的规模以及提升疫苗服务的质量。到2015年,东帝汶实现90%的小儿麻痹症、麻疹、肺结核、白喉和乙型肝炎的疫苗接种覆盖率。

4. 精神卫生保健

根据世界卫生组织的数据,每个国家都有1%~2%的人需要精神方面的保健与治疗。按照这个比例,东帝汶有11000~22000人需要精神保健与治疗,而实际上,由于东帝汶近代以来持续的动荡与不安,其真实人数可能会远高于这个数字。在东帝汶,最常见的精神疾病有抑郁症、焦虑症和应激障碍。许多患者在患病时甚至不会寻求专业的医疗诊治,而精神疾病对患者的伤害很大,多数患者需要专业的医疗救援。2009年,在东帝汶的精神类疾病医院中共有3743名患者,这表明东帝汶国内仍有许多精神障碍患者无法得到足够的护理和治疗。

东帝汶政府提出的一些具体改革措施,包括:①提高精神疾病的治疗水平,改善精神疾病医疗设施的条件;②为精神障碍病人提供急症护理服务;③引进由精神病医生、精神科护士、心理学家和心理健康专业人员组成的拥有综合性学科背景的团队;④通过宣传、教育和推广提高社区居民意识和对精神疾病的理解。

5. 五官科卫生和传染病预防

在东帝汶最常见的牙科问题是龋齿。2014年东帝汶约有40%的儿童患有龋齿。在全国范围内只有7名牙医和40名牙科护士,平均1名牙科护士就要为27018名居民服务。大多数口腔卫生工作者受雇于政府,分布在各地的医院和保健中心。由于牙科问题的诊治远超出了现有牙科卫生保健人员的能力,东帝汶政府重视口腔卫生状况的改善和牙科疾病的预防,以及在全国范围内推行牙科急救服务。

在眼科方面,东帝汶居民的健康状况也不容乐观。2005年的东帝汶

第六章 文化与社会

全国人口眼科健康调查显示,在40岁以上的东帝汶公民中,约有47000人视力受损。白内障和屈光不正虽然可以通过手术或佩戴眼镜恢复视力,但依然有90%的人视力受损。为了改善公民的眼睛健康状况,东帝汶政府着力加强卫生工作者的能力,提供眼科保健服务,并通过综合社区卫生服务增强社区参与眼科保健项目的能力。

在传染病预防方面,东帝汶政府也出台了一些改革措施。近年来,以蚊虫为主要传染源的疾病在东南亚国家肆意横行,疟疾成了最主要的公共健康问题,许多人因此丧生。每年有20万例确诊疟疾病例,20~60例死亡。疟疾造成了巨大的财政负担和经济损失,20%~40%的门诊病人和30%的住院病人都有疟疾的症状,在5岁以下的儿童中,疟疾发病率近40%。自2010年以来,东帝汶在疟疾防控方面的状况有所改善。为了让疟疾不再成为公共卫生中的主要问题,东帝汶政府提出了加强个案管理服务和提高早期治疗预防水平的措施。此外,东帝汶政府还组织专业研究人员,讨论制定疟疾防治政策。除了疟疾,肺结核是东帝汶的另一个公共卫生问题。有数据显示,东帝汶每年每10万人中新患结核的病例有145例,在东南亚排名第二。结核病控制是公共卫生保健设施提供基本服务的重要内容之一。通过一系列的改革措施,2009年,东帝汶已经达到国际公认控制结核病的两项主要指标:病例检出率达75%,治疗成功率达85%。为了降低结核病的传染速度和规模,东帝汶政府制定了一些措施。针对HIV、结核病的治疗规模正在扩大,治疗效果也逐步提高。其他措施包括开展研究,收集有关基础数据,并监测干预措施在当地的执行效力。此外,东帝汶政府还参与国际合作的结核病防治规划。在艾滋病防治方面,东帝汶国家HIV计划为高危人群提供相关医疗服务,向他们提供艾滋病咨询与检测、社区扩展服务以及经济方面的支持。东帝汶政府提出,将在高危人群中扩大防止艾滋病毒感染进一步传播的措施,以限制其在健康人群之间的传播,并降低艾滋病毒对个人、家庭和社区的影响。在麻风病防治方面,东帝汶政府也实施了一些改革措施。2011年,东帝汶政府正式宣布麻风病为重要的卫生问题。尽管国内有不少麻风病患者,但从2006年起这种疾病的患病率明显降低,平均每1万人中有1.89人患病。2010

年12月，患病率降低到平均每1万人中有0.73人患麻风病。东帝汶政府还提出，为了继续降低麻风病的患病率，将继续制定和执行相关措施，提高国家麻风病防治水平，增强社区活力，让社区更加积极地加入到麻风病的防治中。

6. 其他卫生保健

在东帝汶，老龄人口和残疾人士的卫生保健需求同样受到重视。预计，东帝汶60岁以上公民的数量将从2005年的52950人上升至2030年的119150人。东帝汶的老龄人口主要集中在农村地区，由于交通工具选择有限、地理距离较远、道路状况不佳、贫困或身体残疾等原因，农村老人难以获得初级卫生保健服务。慢性病也给个人、家庭和社会带来了不小的压力。较差的健康状况降低了老年人积极参与并为家庭作出贡献的能力，也增加了他们的孤独感和依赖性。

针对这种情况，东帝汶政府将采取措施防治慢性病，包括在社区中引入全新管理疾病、促进健康和预防疾病的方法。东帝汶政府还将提供更优质的老年保健服务，重点是提高初级卫生保健提供者的技能，并引入社区服务模式，例如家庭护理计划。

（二）医疗卫生人力资源

东帝汶政府一再强调卫生人力资源的重要性，曾在《2011~2030年国家战略发展规划》中提出，受过卫生方面专业训练的人才将是提高东帝汶卫生服务质量和效力的关键。尽管东帝汶在卫生人才的培养方面得到了一些友好国家的大力帮助和支持，但在国内的卫生部门中依然缺少高质量的专业卫生人才。在东帝汶还存在着卫生工作者分配不均的状况，这种分配不均体现在城镇和乡村之间、公立医院和私立医院之间。政府医疗机构的低工资导致许多卫生工作者在私人医疗部门中兼职以赚取外快，尤其是在城市地区，这阻碍了医疗规划的正常实施和医疗服务的合理提供。其他挑战包括护理服务技能的需求增长与当前东帝汶护理服务技能水平较低的矛盾，以及进行管理体制的改革问题，尤其是权力下放，它会改变东帝汶卫生劳动力市场的流动。

针对上述存在的情况，东帝汶政府将采取措施应对这些挑战，确保东帝汶有足够和适当的人力资源来提供全国公民所需要的卫生服务。这些措施包括提高教育和培训的质量,以满足国内公民在卫生方面的需求,并发展持续教育和服务培训项目。东帝汶政府还将不断提高卫生部门的人力资源管理水平,具体包括劳动力规划、公平招聘战略、适当的技能组合以及通过适当的激励和机会留住卫生工作者。最后还要加强卫生保健专业人员的行为准则和道德规范,以确保卫生工作者的专业素质和职业素养。

(三) 医疗卫生基础设施

东帝汶国内很多卫生基础设施在1999年的动乱中遭到巨大的破坏。自独立以来,东帝汶政府加强了对卫生基础设施的投资与对卫生工作者的部署,并建立起完整的卫生系统,包括193家卫生所、66家社区卫生中心、5家转诊医院以及1家中心医院,政府也为地区卫生办事处提供人员配备和住宿。迄今为止,卫生设施的恢复和建设状况有所改观,但许多卫生设施的现状并不足以提供全面的卫生服务。大多数妇产科诊所和卫生实验室规模仍然不大。许多诊所供电、供水情况堪忧,难以正常运营。

针对上述卫生基础设施的现状,东帝汶政府提出,将在2030年前保证所有国内公民能够享用高效、安全、环保、可持续的卫生基础设施。为了达到这些目标,东帝汶政府提出了下列具体措施:①扩大现有的卫生设施规模和服务范围;②加强对卫生基础设施的投资;③确保所有卫生保健设施中有适当的医疗设备;④确保可用性和适当的管理健康的交通工具。

此外,东帝汶政府提出了下列基础设施项目的改革措施,这将为整个东帝汶人口提供更好的卫生服务:①卫生所。193家卫生所中的大多数要彻底更新换代。多数新建的卫生所应当与原来的卫生所位于相同位置。但由于人口分布的变化,一些公共设施不足的地方也需要新建卫生所。②社区卫生中心。一些社区卫生中心需要重建,大多数则需要通过增加病房来扩大规模,确保所有的社区卫生中心在水电方面都有持久的供应。③医院。东帝汶政府将修改现有的医院配置计划,并提升服务质量。现有的5家转诊医院和1家中心医院的规模将得到扩大,不断提升服务水平。④通信系统。所有卫生设施都将配备适当的通信系统,以便及时安排病人转

院。这需要在中央、地区卫生设施安装通信设备。⑤保持并提高救护车的工作效率。

最后，东帝汶政府在《2011～2030年国家战略发展规划》中提出了三个阶段的发展目标。

第一阶段是在2015年前要达到这些目标：①在偏远地区，卫生工作者将为拥有1500～2000名人口的村庄提供一揽子卫生服务。②规范私立医疗部门和非营利性医疗部门的运营，并使上述部门符合国家公共卫生制度规定。③70%的孕妇至少得到4次孕前护理。④65%的产妇得到助产服务。⑤90%的儿童将接受脊髓灰质炎、麻疹、肺结核、白喉和乙型肝炎的疫苗接种。⑥80%的疟疾发病得到控制。⑦90%的医疗机构得到电力和水源的供应。

第二阶段是在2020年前要达到如下目标：①所有卫生所至少要配备1名医生、2名护士和2名助产士。②每家卫生所要为1000～5000人服务。③每家分区卫生中心为5000～15000人提供医疗服务，并管理大约4家卫生所。④离卫生所路程超过1小时的边远乡村将配备当地乡村的助产士或社区护工。⑤国家医院将提供心、肾方面的医疗保健服务。54个地区卫生中心将位于没有医院的5个地区。⑥卫生改革的重点将从初级保健转移到提供专科保健。

第三阶段是在2030年前医疗改革要达到如下目标：①在全国13个省，每个省至少要有一家医院；在首都帝力要有一家专科医院。②所有医疗机构将配备齐全，并配备有慢性病管理人员。③所有的卫生服务将由高效、安全、环保、可持续的基础设施提供。④保证所有东帝汶人民得到高质量的综合性卫生服务。

第四节　社会管理

一　概况

自独立以来，东帝汶历届政府将援助穷人和弱势群体作为国家的优先事项。在东帝汶,尽管大多数人仍生活在贫困线以下,但适度的补贴和其他物质上的支持极大地改善了许多家庭的生活。从长期看,教育普及率和就业率的提高是促进经济独立的关键步骤。而从短期看,东帝汶政府继续支持儿童、妇女、贫困家庭、老人和其他弱势群体是十分重要的。此外,政府也有必要对退伍军人及其家人提供帮助。

虽然在社会管理方面存在着脆弱性,但东帝汶政府在社会管理方面取得了一些成果。2006年的政治危机使成千上万的人无家可归,但现在大多数人已经回到了他们的家园和社区。东帝汶政府对国内流浪汉的大型营地已经关闭,对流浪汉和请愿者的救济金已经发放。政府也对退伍军人、老年人和残疾人以及只有女户主的贫穷家庭提供救济金。这一救济计划是东帝汶社会援助方案的重要内容。如今,东帝汶政府正在加强社会凝聚力,并采取措施保护国内最脆弱的公民,这些需要救助的公民包括退休职工、儿童、贫困家庭、退伍军人等群体。

二 具体措施

东帝汶政府提出,必须要努力支持弱势群体并保证这一群体能够发挥自身的潜力,另外提出了一系列关于社会管理方面的措施,以求尽快解决国内社会面临的问题。虽然实现这一承诺,会给东帝汶带来许多经济、社会和文化方面的挑战,但东帝汶政府认为,一个强大、团结、进步的国家是有能力保护弱势群体的权利和利益的。

(一)社会保障与退休金制度

《东帝汶宪法》赋予所有公民安全和社会保障的权利,并对国家提出能够促进经济可持续发展和完善社会保障制度建议的义务。社会保障制度为公民在无法工作时提供保障的收入和支持。自2008年起,东帝汶所有60岁以上的公民或无法工作的公民每个月能够得到30美元的救济金。此外,救济金还应发放给慢性病患者、妇女和贫困家庭。

东帝汶政府正在实施一项过渡性的社会保障制度,该项制度将保障公务员及其家庭的基本社会需要。这项制度之后将被扩展为一个共同的社会保障体系,使得工人及其家庭在他们退休、残疾或死亡时有所保障。接下

东帝汶

来，东帝汶政府将以此为基础，建立一个对工作年龄以外的东帝汶公民提供财政支持的普遍退休金制度：国家提供最低限度的支持；通过有薪就业人员的按工作年限缴费制度以及每个就业人员的基金投资来增加其退休的额外收入。这一体系最终将包括公共部门和私人部门的劳动者，也将是一个完全由政府和雇主出资的社会保障体系。

为了确保良好的管理和透明度，东帝汶政府提出，将由独立的受托人设立和管理一个集中式基金，最大限度地实现长期收益，同时使基金的长期储蓄和国家的投资池最大化。退休基金管理将包括一个有效的系统，用于收集捐款和支付福利。随着时间的推移，该基金将成为协助东帝汶金融部门发展和承销投资机会的重要组成部分。

（二）弱势群体保障

对于社会阶层中的弱势群体，如儿童与贫困家庭，东帝汶政府意识到提高和改善这一群体生活质量的重要性，制定了一些政策，并采取了一系列措施。

东帝汶政府非常明确儿童的重要性，提出儿童是国家的未来，确保东帝汶儿童免受暴力和虐待是一项十分重要的工作，并提出了以下保护儿童权益的措施。①加强相关机制和转诊制度来实施儿童保护政策；②建立保护儿童的有效监督与管理机制；③继续加强社区在儿童权利方面的教育，包括学校、家庭、邻里和教堂，使儿童明确"安全家庭"的概念，尤其要加强对女童和残疾儿童的教育；④继续加强对社区的教育，使社区根除传统落后习俗，这些旧习俗包括童婚、雇用童工、家庭暴力、性虐待等；⑤制定与执行一项孤儿保护与收养相关的法律，救助流落街头的儿童；⑥建立和运营一个24小时、每周7天的"儿童热线"，免费报道虐待儿童的新闻；⑦在全国范围内建立对儿童开放的投诉系统；⑧改善少年犯监狱的条件；⑨鼓励儿童积极参加国内和国际的文化体育活动。

除了加强对儿童权益保护以外，东帝汶政府还计划改善其他弱势群体的基本生活状况。在东帝汶，依然有许多家庭艰难地生活着。对于这些家庭而言，庄稼歉收或气候突变都可能导致他们挨饿，只有依靠社区和国家的援助他们才能得以生存。为了改变这种情况，东帝汶政府提出了如下政策。①加强政府机构之间的合作，以确保弱势家庭在遭受自然灾害或人为灾害时得到所需的支持；②在全国各个地区加强应对自然灾害和灾后重建的能力；③加强基础水平的人道主义和社会救助过程；④为弱势家庭制定一揽子的援助计划，并提供包含医疗、教育、住房和就业机会的社会安全网络。

此外，包括残疾人在内的弱势人群，同样在发挥自身全部潜力、赚取收入和参与社区生活方面也面临许多困难和障碍，因此东帝汶政府提出了提高弱势人群生活质量的相关政策：①构建一项保护残疾人权利的综合性框架，为残疾人及其家庭提供基本水准的服务。②为慢性病患者提供全新的保障项目。③为服刑者改造和重新融入社会提供基础服务。④制定政策框架，与弱势群体建立合作关系，创造就业、增加收入和培训的机会。⑤在全国范围内增强为弱势人群提供平等的基础服务的能力。

（三）性别平等

东帝汶政府曾指出，为了使东帝汶充分发挥其潜力，必须保障女性能够平等地参与社会生活。《东帝汶宪法》规定，男性和女性在社会生活的各个方面都必须被平等对待，同时还保障了在家庭、政治、经济、社会和文化生活中，基于性别的平等权利和消除歧视。东帝汶在性别平等方面做出的承诺和取得的进展在这些方面得到反映：小学的男女生比例，国会、军队和警察中女性比例均得到提高。但是，传统的性别偏见依然影响着东帝汶社会生活的各个方面。成年女性文盲率高于男性，受过高等教育的男性多于女性（每100名男性对应83名女性）。尽管在教育方面取得一些进展，但成年女性的文盲率依然高达32%，而成年男子的文盲率则为21%。

尽管近年来医疗水平不断提高，但依然有许多东帝汶妇女死于分娩。东帝汶的孕产妇死亡率高居不下，常年处于世界较高的范围，15~49岁死亡的妇女中有42%死于分娩。在东帝汶15岁以上的妇女中，有40%左右遭受过暴力，有34%的已婚妇女遭到丈夫的家庭暴力。

自独立以来，东帝汶政府一直在努力通过政策改革、立法改革、机构改革和公共宣传运动来改变性别不平等的现象。在立法方面取得很多进

东帝汶

展、反对家暴法律的出台、增加全国议会中女候选人的人数等,以及一项正式支持在各部和地方行政部门成立指定性别联络中心的决议。

反对家庭暴力是促进性别平等的一项重要议程。对许多东帝汶妇女来说,家庭暴力是一种"正常"现象。这意味着了许多女性将家庭暴力视为自己的私事,不愿意通过法律途径来解决。为了解决这个问题,2009年,家庭暴力正式入刑,这意味着再对妻子实施家暴者将受到刑事法律的处治。此外,家庭暴力正式被列为公共犯罪,这也意味着受害者以外的其他人也有权向警方报告家庭暴力事件。家暴入刑加速了2010年5月《反家暴法》的制定。这项全新的法律包括三方面的目标:家暴的预防、家暴的保护以及对家暴受害者的援助。在《反家暴法》的第二条,家庭暴力被定义为"身体暴力、性暴力、心理暴力和经济胁迫,包括恐吓行为、身体犯罪、强迫、骚扰或剥夺自由"。新法律规定了公共法律服务的法律义务,包括提供法律咨询,向警方和检方报告任何家庭暴力事件,在司法程序的进展方面向受害者、证人和家属提供意见,与相关的社会团体联系以支持家暴受害者,监督警方、检方和法院对家暴案件的处理。

在性别平等方面,东帝汶政府保证在2030年前建成一个性别平等的社会,在这个社会中人的尊严和妇女的权利都将通过法律与文化受到尊重、保护和扩展。为了实现这一目标,东帝汶政府提出了以下政策。①性别平等主流化将在政府的政策、计划、过程和预算中得到广泛实施;②在国家和地方各级制定针对性别问题的政策和法律;③为学校、职业教育培训机构以及一般公众制定提高性别意识的战略;④改善保护妇女的基础服务;⑤强化向女户主家庭提供财政支持与援助的机制;⑥制定政策和框架,实施各种生计资助措施,使妇女在社会和经济方面获得权利;⑦引进教育项目,保持女孩受教育的水平,特别是在中学和高等教育阶段;⑧在高级政府部门招纳更多的女性公务员;⑨制定政策、培训和领导方案,支持妇女参与公共和民营部门的决策;⑩在全国范围内扩大生殖健康计划;⑪在全国范围内推行对校园暴力和家庭暴力零容忍的政策。

(四) 青年与体育运动

东帝汶政府特别强调青年的重要性，认为他们是国家未来的中坚力量，他们将重塑整个国家并对国家社会与经济的发展作出重要贡献。东帝汶政府将尽最大可能来支持青年，并为他们提供未来发展的机会，以培养他们赖以生存的社会技能，使他们最终完全参与到社会和经济建设当中。东帝汶是一个人口年轻化的国度，全国范围内有 1/5 的人口年龄为 15 ~ 24 岁。目前东帝汶的青年人正面临着严峻的就业形势，许多人从事非技术性工作或不稳定的职业。在当今的全球化社会，青年人意识到这是世界给予他们的机会，而许多东帝汶的青年人却错过了这些机会。

东帝汶政府提出的愿景是让青年成为健康、有教养、有道德的公民，并自豪地成为东帝汶经济和社会建设的中坚力量。为了实现这一目标，东帝汶政府提出了下列改革措施。①建立一个青年基金，资助支持青年人及其创业项目；②支持青年协会的建设；③在首都帝力筹建国家青年中心；④建立和运营领导力训练营以改善青年身体健康状况，提高管理技巧，加快冲突解决和塑造公民价值观；⑤修缮现有青年中心，并在各地区兴建多功能、多用途青年中心，在语文、科技、艺术、音乐、体育及公民教育等领域为青年提供素质训练项目。

除上述措施外，东帝汶政府还将推行一项"东帝汶青年与运动战略计划"，强调体育运动的作用，使其成为强身健体、重塑性格的一种重要方式。这项计划着重将体育运动发展成为青年人生活中的重要部分，并使青年人积极参与到社会生活中。东帝汶政府意识到体育运动将人与人团结在一起的重要作用，这些体育运动有些是乡村的基层活动，也有些是国家和国际的体育赛事。不管规模大小，体育运动的重要性是明显的。在支持国内体育赛事的同时，东帝汶政府还鼓励运动健儿走向世界，为国争光。

由于自身的气候和地理优势，帝汶岛常常举办国际性自行车赛，"帝汶之旅"(Tour de Timor) 已成为国际自行车赛事中一项年度高级别赛事，也吸引了大批游客前来观看。"帝汶之旅"赛事持续一周的时间，赛道穿过东帝汶，这让参赛选手对东帝汶独特的人文与社会环境有一种特殊的了解，同时这项赛事在不同的地形上提供一条艰难而富有挑战性的路线。这

东帝汶

项赛事的沿线景色包括平静的海边、陡峭的山峰，骑行条件既有现代的沥青路又有碎石小道，还有肮脏的山地自行车道。同时这项赛事也很受当地居民的欢迎和支持，每年都会有数千名东帝汶当地居民来到比赛沿线，为自己喜欢的车队和参赛选手呐喊助威。首届"帝汶之旅"赛事在时任总统若泽·拉莫斯·奥尔塔的倡议下于2009年8月举行。历时5天、路程450千米的赛事吸引了15个国家超过250位选手参加，超过100家媒体参与到这次赛事的报道工作中。

东帝汶本土选手在"帝汶之旅"赛事中的积极参与也是这项赛事的一大特色。在2009年首届"帝汶之旅"赛事中，有25位东帝汶选手参加，也是东帝汶首次组织选手参加国际自行车赛。而在2010年举行的第二届"帝汶之旅"赛事上，东帝汶参赛的本土选手数量增加到75名。在赛事期间，东帝汶居民积极参与组织活动，在沿途支持选手，并在终点所在城镇为参赛队伍和队员提供服务。在每届赛事结束后，主办方会举办名为"和平节"的纪念和庆祝活动。在"和平节"上，东帝汶当地的儿童和青少年都加入到丰富的文化活动当中。

在体育运动方面，东帝汶政府承诺，将在下列六个方面做出努力，以推动全国范围体育事业的发展。①在体育设施管理、运动员培训、团队管理和项目管理等方面支持和发展人力资源；②支持社区和学生分别通过社区俱乐部和学校俱乐部参加体育活动；③鼓励并扩展体育旅游业，包括极限运动和海上运动；④重点发展国内流行的体育运动项目，例如武术和足球；⑤发展足球事业，具体措施包括建立足球联赛，并与韩国、亚洲足球联合会、澳大利亚足球协会和皇家马德里基金会合作；⑥重建体育基础设施，建设全新体育场馆，包括在每个地区建造多用途的体育馆，以及重建帝力体育场。

三 改革目标

在社会管理方面，东帝汶政府提出了近期、中期和长期的改革目标。近期为2015年达到下列目标：①建立起普遍的社会保障体系，为所有的东帝汶工人提供养老金；②执行一项孤儿保障与收留的法律，并推行其他方面保护儿童的措施；③使40%以上的残疾儿童接受基础教育；④实施一项针对脆弱家庭的社会安全网方案；⑤一项全面的保障计划将继续确保退伍军人享有尊严和经济安全，让他们的子女有机会父母曾经解放而奋斗的国家取得成功；⑥将修订后的"性别友好型"课程纳入东帝汶教育体系的各个层面；⑦建立一项青年基金，为援助青年人及其创业计划提供支持。

从中期来看，到2020年，要达到下列目标：①在公共部门和国会，妇女的比例至少达到1/3；②75%的东帝汶女孩将完成全面的优质基础教育；③国家将继续扩大支持和维护退伍军人及其家属的计划和项目；④对民族解放斗争历史进行广泛研究，使之得到人民的保护和庆祝；⑤在首都帝力建立国家青年中心，在乡村地区运营多功能青年中心。

从长期看，到2030年，要达到这一项目标，即在东帝汶打造一个性别平等的社会，在这里，人类的尊严和妇女的权利受到法律和文化的重视、保护和促进。

第五节　环境保护

一　环境概况

东帝汶居民与自然环境的关系很紧密。从古至今东帝汶居民依赖自然环境，从中获取食物、衣服、建筑材料和其他生活必需品。但是在东帝汶被殖民和被占领时期，环境被过度开发，遭到了极大的破坏。森林被过度砍伐或烧毁，导致山体滑坡、慢性侵蚀、野生动物栖息地减少和食物来源的减少。

空气污染是一项对环境日益严峻的挑战，汽车和摩托车排放的废气、森林火灾等造成的空气污染。在东帝汶，90%的家庭使用木柴做饭。妇女和儿童在做饭时呼吸被污染的空气，很容易患肺病和呼吸系统疾病。气候变化、极端天气和海平面上升，也给东帝汶的环境保护构成了严峻的挑战。

东帝汶

自 2002 年独立以来，东帝汶政府开始应对气候挑战。《东帝汶宪法》第 61 条规定："每位东帝汶公民有享有一个人道、健康和生态平衡的环境的权利，也有保护和改善环境使其造福于后代的义务。""国家应该意识到保护自然资源的重要性。""国家应当采取行动，旨在保护环境和促进经济的可持续发展。"《东帝汶宪法》中关于环境保护的部分要求政府增加对环境的关注。第 139 条第 3 节指出，"开发自然资源应保持生态平衡，并防止生态系统被破坏"。

东帝汶正走上和平、稳定和粮食安全的道路，有机会制定相关战略，以履行政府根据宪法规定的义务，保护环境，并确保东帝汶的环境资源得到可持续的管理。但由于不断恶化的生态环境，东帝汶急需更新和修改环境方面的法律与规章制度。

东帝汶积极参加到全球环境和气候治理中。东帝汶已经批准了《联合国气候变化框架公约》、《京都议定书》、《联合国生物多样性公约》、《联合国防治荒漠化公约》、《保护臭氧层维也纳公约》和《蒙特利尔议定书》等一系列国家间气候与环境治理协定。因此，东帝汶制定了一系列有关环境保护的政策，包括陆地与海洋管理规划、生物多样性保护、控制气候变化和使用新能源等措施。

二 环境治理举措

2002 年，东帝汶支持世界保护和环境发展会议关于可持续性的定义："可持续发展是满足当前需求的发展，而不损害后代人满足自身需求的能力。"这一定义对于东帝汶环境治理的影响持续至今。为了在 2030 年成为中等收入国家并消除极端贫困，东帝汶政府采取行动，以可持续的方式管理自然资源和生态环境。政府努力重塑人与环境之间的关系，并认识到东帝汶自身的发展有赖于动物资源、森林资源、河流资源、海洋资源的多样性。东帝汶政府提出，环境治理的第一步是确保当前环境方面的法律法规能够有效执行，并准备一系列综合性的环境保护措施，以及加强相关的立法工作，以履行宪法规定的义务和国际社会赋予的责任。这包括一项环境基本法和一部环境影响法，环境基本法将构成保护环境的法律框架，环境影响法则确保环境批准、监督和审核拟议中的活动。此外，整合政府的环境和自然资源管理工作，完善环境管理的制度和提升人员工作能力也很重要。

（一）应对气候变化

气候变化给东帝汶带来了严峻的环境挑战和政治挑战。海平面上升增加地势较低的沿海村庄发生海水倒灌的风险，气候变化导致的极端天气状况将直接影响到东帝汶的社区，同时增加洪水、森林火灾和粮食短缺的风险。在政治层面，虽然东帝汶加入了《联合国气候变化框架公约》和《京都议定书》，但作为一个发展中国家，东帝汶必须确保在其发展中不因其发达邻国过去的经济增长或更大的发展中国家目前的经济增长而受到发展的限制或惩罚。

与一些大国不同，东帝汶并不是造成全球气候变化的主要国家。东帝汶是全球碳排放最少的国家之一，每年人均碳排放量为0.02吨，而一些发达国家的人均碳排放量是东帝汶的20倍。但是东帝汶会受到邻国和其他碳排放量高的国家的影响，因此东帝汶政府提出，必须与其他国家加强合作，减少碳排放量。

东帝汶的气候在旱季变得越来越炎热干燥，不稳定性加剧。像淡水和土壤这样的自然资源极易受到气候变化和海平面上升的影响。珊瑚礁对水温和化学成分的变化也十分敏感。这些变化会对农业生产、粮食安全和旅游业产生影响，并增加因洪水、干旱或山体滑坡而引起的自然灾害的风险。虽然作为一个发展中国家，东帝汶并不一定需要减少温室气体排放，但由于容易受到气候变化的影响，东帝汶政府环境治理的目标之一是减少碳排放。

为了更好地应对气候变化，东帝汶政府将制定一项适应气候变化的计划，确定应对气候变化的重点，并监测措施的实施情况。另外，还为《京都议定书》形成的机制建立一个指定的国家权力机构，以使东帝汶成为全球碳市场的一部分。这一权力机构在2012年开始运作。全国气候变化中心在2015年建成，这一机构的职责是指导对气候变化问题的研究、确认所搜集到的气候变化数据的准确性以及鼓励应对气候问题方面的技术

革新。作为一个发展中国家,东帝汶加强与发达国家的合作,以更好地应对气候变化问题。

(二) 森林、陆地与海洋保护

对于依靠森林资源获得生活收入的家庭、因水土流失遭到损失的农民和珍视自然美景的东帝汶人来说,森林资源的重要性显而易见。自独立以来,东帝汶已经采取了积极的措施来根除非法采伐、恢复和保护森林资源、稳定森林地区居民生活和为森林社区赋予经济权利。然而,由于大量砍伐木材、森林火灾的发生、土地和资源的需求增加,以及不断增多的勘探活动,森林资源仍然在迅速减少。在东帝汶,森林砍伐面积每年以1.1%的速度增加。东帝汶的森林面积约占陆地总面积的50%,约为745174公顷。水土流失和山体滑坡也是一个问题,它们导致土地退化和对流域的破坏。东帝汶当地的许多树木都已经消失了,这些物种包括柚木、桃花心木和檀香木。其结果是,东帝汶现在面临着土壤退化、地下水减少、野生动物受到威胁和食物来源减少等问题。

为扭转这一趋势,东帝汶政府制定了一项林业管理计划,促进东帝汶的重新造林和可持续的土地管理做法。此外,还制定国家竹子政策和市场营销策略,包括推广种植竹子以重新造林和控制水土流失。另外,建立自然保护区(国家公园)也是东帝汶为了应对环境问题所采取的另一项措施。自然保护区(国家公园)旨在通过限制商业活动来保护生态系统,而且在自然保护区进行研究和教育,以及文化、旅游和娱乐活动都是被允许的。东帝汶自然保护区是尼诺·科尼斯·桑塔纳国家公园(Nino Konis Santana National Park),这将是东帝汶旅游业发展战略的核心。保护区内的其他地区包括:蒂洛玛、拉莫劳、法特马森、阿特罗罗岛-马努科、马泰比、卡布湖、克瑞尔河、伊拉罗罗湖、雅科岛、迪阿图托山、阿玛塔贝、马科·法希克和萨里姆山、塔西托鲁、阿瑞亚·布兰卡海岸、库利山和伊莱布尔等地。

为了保护海洋生物多样性和珊瑚礁资源,东帝汶将继续与印尼和该地区的其他政府签署珊瑚礁三角区保护协定,以促进该地区的海洋和沿海生物资源可持续增长和发展。东帝汶政府还将制定政策,加强对集水区和沿海地区的管理,包括修复和保护沿海地区的红树林,调节各河流沙土勘探,以及在河岸和水坝、湖泊和海岸线附近建立缓冲区,以加强水资源保护和对洪水的控制。

此外,在森林、陆地和海洋资源保护方面,东帝汶政府还提出了其他方法,包括:①推行特别林业立法,以改善土地使用权的安排;②在所有退化地区重新造林,重点是首都帝力周围的坡地;③在旱季推行减少森林或草木燃烧的项目;④用其他资源代替木柴;⑤执行环境法律和森林法律来控制森林退化现象。

(三) 保护生物多样性与污染控制

东帝汶的生物多样性在世界范围居于前列地位。东帝汶和印度尼西亚东部的邻近岛屿是世界上仅有的 34 种生物多样性受到威胁的热点地区之一。这意味着,该地区至少失去了 70% 的原始植被,而且至少有 0.5% 的植物生命是该地区特有的。为了应对东帝汶生物多样性遭受威胁的问题,东帝汶政府将制定一项关于生物多样性战略和行动计划,评估对海洋和陆地生物多样性的威胁,并确定保护生物多样性的战略。这将包括一项国家生物多样性法案,以规范行动计划的实施。国家生物多样性战略和行动计划于 2012 年完成,并于 2013 年开始实施。该战略评估国家对海洋和陆地生物多样性的威胁,并确定可能的激励措施来保护它们。重点是防止生物多样性的丧失和确保国家的生物资源得到可持续的管理。国家生物多样性战略和行动计划涉及的领域有农业、草原、自然保护区、海洋和沿海地区、森林和山脉以及内陆水域。

基于严峻的环境现状,东帝汶政府声明,现在需要采取行动,制定适当的规章制度来控制空气污染、水污染、土壤污染和噪音污染。东帝汶政府希望确保东帝汶的人口和经济在未来 20 年持续和健康的增长。东帝汶政府将在环境质量控制领域内引进相关人才和环境测试的方法。设立一个环境实验室,对所有区域的所有活动进行试验和环境审计、监测和评估。此外还将采取措施进行环境研究以寻找各种污染物的来源,包括审查酒店、餐馆、车间、医院和市场的活动。帝力的空气污染将通过开展减少城市周围森林用火的运动来解决。由于电力行业的改革,人们可以获得更可

靠、更廉价的电力，这将减少家庭使用木柴做饭而造成的空气污染。在城市污染治理方面，东帝汶政府将根据环境法律法规，制定城市垃圾管理指南，规范帝力和其他主要城市的废物处理标准。此外还包括鼓励堆肥，建立塑料、废纸和玻璃回收厂，为废物收集提供家庭垃圾箱等措施。

三　环境治理目标

在环境治理和保护方面，东帝汶政府同样也提出了近期、中期和长期要达到的目标。

从近期来看，在2015年达到了这些目标：①环境基本法构成保护环境的法律框架的主要部分；②在《京都议定书》框架内运行国家气候变化中心；③制定一项全国生物多样性法律和野生动物保护法，以保护全国范围内的生物多样性；④出台控制空气污染、噪音污染和土壤污染的法规，并且出台规范汽车尾气排放的法规；⑤提高公众环境保护的意识。

从中期来看，到2020年要达到这些目标：①根据《联合国气候变化框架公约》，70%的国家适应行动计划将得到实施；②在首都帝力，家庭不再使用木柴。

从长期来看，到2030年要达到的目标是，拥有广泛的陆地和海洋国家公园网络，以保护生物多样性。

第七章
外　交

东帝汶自2002年独立后，努力发展对外关系，接受国际援助，稳定本国的国内政治经济状况以及为未来发展营造良好的周边与国际环境。

第一节　外交概况

东帝汶的独立与发展从一开始就受到国际社会的广泛关注，得到国际社会广泛的帮助。独立之后，各方给予东帝汶大量的援助。截至2016年3月底，援助方通过向东帝汶发展项目提供资金和无偿援助的方式，共向东帝汶提供15.71亿美元的援助。其中排名前五的国际组织或国家是世界银行、日本国际协力机构、欧盟、澳大利亚和中国。随着东帝汶国内政治环境的改善，与国际社会交流的增多，吸引外资、发展国内经济、改善民生是东帝汶对外政策的重点。

东帝汶奉行务实、平衡、睦邻的外交政策，与各国际社会成员建立并保持了良好关系。东帝汶的外交主要在六个关键圈层中运作：①印尼和澳大利亚；②东盟；③葡语国家；④太平洋岛国；⑤中国和美国；⑥南半球国家。具体而言，东帝汶重视发展与澳大利亚、印尼、美国、葡萄牙、太平洋岛国的关系，广泛寻求国际援助。迄今同100多个国家建交，包括中国在内的19个国家在帝力设立大使馆（或代表处），并派遣常驻大使或代表。阿根廷等30多个国家向东帝汶派驻非常任大使或代表。东帝汶在中国、葡萄牙、马来西亚、印尼、澳大利亚（兼驻新西兰）、美国、比利时和莫桑比克等国设立大使馆，在纽约设立常驻联合国代表处（派常驻

代表兼驻美大使），向布鲁塞尔派出常驻欧盟代表（兼驻比利时大使），在悉尼设立总领馆，在印尼巴厘岛和古邦设立领事馆。重视同联合国等国际组织的关系。截至2018年，已加入26个国际组织，共有20个国际组织在帝力设立了办事处。其中2002年加入葡语国家共同体（第8个成员国），2002年9月27日加入联合国（第191个会员国）及联合国儿童基金会、联合国开发计划署、联合国难民事务高级专员公署、联合国人权事务高级专员办事处、联合国妇女发展基金会、联合国人口基金会、世界粮食计划署、世界卫生组织等。同年还加入了世界银行、国际货币基金组织、亚洲开发银行、国际刑事法院、国际刑事警察组织。2009年加入国际燃气联盟（IGU）。2010年8月加入国际电信联盟（ITU），同年东帝汶发起成立脆弱国家联盟（G7+）并将秘书处设在帝力。2014年11月，东帝汶加入了太平洋共同体并成为其永久成员。

第二节　与东盟以及东盟国家的关系

一　与东盟的关系

东帝汶虽然属于东南亚国家，但却不是东盟成员国，从独立至今还只是东盟的观察员国。2002年东帝汶独立伊始便成为东盟的观察员国，2005年成为东盟地区论坛（ARF）的成员。东帝汶的地理位置在南半球，且国内政治经济不稳定等被部分东盟国家所诟病，加上曾被印尼占领过等历史因素，东帝汶加入东盟依旧面临障碍。但是东帝汶一直在为加入东盟做出外交等方面的努力。2007年东帝汶在东盟峰会期间签署《东南亚友好合作条约》，为加入东盟大家庭迈出第一步。2011年外长科斯塔访问印尼，东帝汶正式申请加入东盟。东帝汶向东盟轮值主席国印尼的外长马蒂·纳塔莱加瓦（Marty Natalegawa）提交申请书。同年11月，东盟峰会发表声明，决定成立工作组对东帝汶加入东盟进行评估，并表示支持东帝汶入盟，但之后东盟仍以东帝汶尚不具备入盟的条件而拒绝东帝汶的申请。此后东帝汶就此多次寻求东盟国家的支持，2013、2014年东帝汶总

第七章 外 交 Timor-Leste

理夏纳纳·古斯芒先后对新加坡、文莱和马来西亚进行访问，寻求支持东帝汶加入东盟。2016年，印尼宣称东帝汶的东盟成员国身份将于2017年实现，因为两国关于东帝汶的稳定、安全、经济和文化方面的可行性研究将在2016年底完成。同年，柬埔寨首相宣布支持东帝汶加入东盟。但东盟各国出于自身利益的考虑，以及东帝汶自身的缺陷，东盟仍未接纳它。然而，随着东帝汶自身的发展，国际社会对东帝汶的支持和东盟发展的需要，东帝汶加入东盟只是时间问题。

二 与印度尼西亚的关系

东帝汶曾经遭受印尼入侵占领长达二十多年，其间东帝汶出现了大规模的人道主义危机，[1] 而在印尼强制合并时期，东帝汶的经济、社会等方面遭到严重的破坏，给东帝汶的发展造成了严重的影响。尽管过去双方的关系有创伤，但独立之后的东帝汶，与印尼的关系恢复得非常好。2002年，两国建交，印尼总统梅加瓦蒂应邀出席东帝汶独立庆典。2006年两国关系进一步改善，同年2月，夏纳纳·古斯芒总统在巴厘岛与印尼总统苏西洛会晤，就东帝汶向联合国提交东帝汶人权调查报告事项达成谅解。两国间历史遗留问题的解决取得积极进展，至2006年12月，东帝汶与印尼陆地边境划分基本完成。截至2011年12月，夏纳纳·古斯芒总理连续第三次参加"巴厘民主论坛"。2012年5月，印尼总统苏西洛对东帝汶进行国事访问，出席东帝汶新总统就职典礼和东帝汶恢复独立十周年庆典。2014年2月，夏纳纳·古斯芒总理对印尼进行正式访问，两国加强安全

---

[1] 在占领期间，发生许多侵犯人权的事件，在后来的由联合国出面组成东帝汶"接纳、真相与和解委员会"（Commission for Reception, Truth and Reconciliation）于2006年发布的一份报告中指出，印尼军队在占领东帝汶期间的暴力行为在1999年时达到了顶峰，他们对东帝汶进行独立公决的行为展开了疯狂的报复。当时印尼军队和与他们站在同一条战线上的东帝汶民兵们在东帝汶境内展开了大规模的屠杀，总共有1500人死于他们之手，东帝汶境内的大部分城镇都遭到毁坏。联合国的报告同时还谴责印尼政府和安全部队应该为印尼占领东帝汶期间东帝汶183000名平民的死亡负责，这些人绝大部分都是死于饥饿和疾病。同时印尼政府还应该对1975～1999年东帝汶境内发生的18600起谋杀案当中的70%负责。参见吴梦珊、李一平《1976年以来东帝汶的非正常死亡人口与难民》，《南洋问题研究》2009年第3期，第86页。

与防务合作。同年8月,印尼总统回访东帝汶。2014年夏纳纳·古斯芒总理获得印尼颁发的"Bintang Adipura 勋章"。2017年,印尼是东帝汶第三大出口国,第一大进口国,而且双方贸易份额仍在稳步增加,并且印尼对东帝汶加入东盟表示支持。东帝汶与印尼已经实现双方人员往来互免签证。近几年两国关系稳步发展。不过,印尼与东帝汶之间也存在需要解决的问题,其中包括:继续调查和划定陆地边界问题,尚未确定的还有1%;东帝汶在印尼的难民问题。

三 与马来西亚的关系

自1999年以来,马来西亚为联合国在东帝汶的许多维和任务作出了贡献,比如在2006年东帝汶危机期间的机敏行动(Operation Astute)。马来西亚还通过各种培训方案向东帝汶人力资源开发领域提供援助,并为东帝汶的建设工作提供援助。在经济关系方面,两国正在共同努力,扩大合作范围。2014年,马来西亚沙巴大学与东帝汶国立大学签署了一份关于合作发展与协助的谅解备忘录。2018年马来西亚成为东帝汶第六大贸易伙伴,第九大出口国和第六大进口国。2019年1月至4月,马来西亚同东帝汶贸易总额较2018年同期增长199.8%,达到1600万美元。2019年7月1日至2日,东帝汶外交与合作部长迪奥尼西奥·达·科斯塔·巴博·苏亚雷斯(Dionisio da Costa Babo Soares)对马来西亚进行正式访问,这是他于2018年6月被任命为东帝汶第七任外长后首次访问马来西亚。这次正式访问为两国的友好关系注入新的活力,并为两国在贸易投资方面的战略合作开辟新领域。

四 与菲律宾的关系

在东帝汶独立期间,菲律宾积极参与联合国维持和平部队。当国际社会开始承认东帝汶的主权时,菲律宾和东帝汶两国政府就建立起官方大使级别的外交关系。自1999年以来,菲律宾与东帝汶一直保持着紧密联系。2008年,东帝汶和菲律宾签署了三项协议,促进海洋渔业、教育和外事服务培训方面的合作。菲律宾与东帝汶的商贸关系不断增强,菲东双方还在文化和教育方面进行了广泛的交流。菲律宾是东盟国家中的基督教国家之一，而东帝汶大多数人信奉的也是基督教，因此菲律宾是东盟国家中支持东帝汶加入东盟意愿最为强烈的成员国。另外菲律宾还向东帝汶提供军事培训，以提高东帝汶军队的防务能力。

五　与其他东盟国家的关系

东帝汶与其他东盟国家也都建立了外交关系。泰国是继中国、美国和挪威之后，于2002年5月20日与东帝汶建立外交关系的四个国家之一。2006年12月东帝汶政府与泰国KYTBW公司签署利用生物气化发电的意向合资协议，总额达8000万美元，这是外国公司在石油领域之外在东帝汶投资的最大项目之一。东泰两国伙伴关系密切，高层互访频繁。2017年11月23日东帝汶外长奥雷里奥·塞尔吉·克里斯托沃·古特雷斯（Aurelio Sergio Cristovao Guterres）会见了泰国外长。双方就渔业合作进行了深入讨论。2006年9月，东帝汶与缅甸正式建立外交关系。2014年东帝汶政府在缅甸仰光设立大使馆，但缅甸目前未在东帝汶设立任何外交或领事机构。近年来，缅甸支持东帝汶成为东盟成员国，双方关系处于良性发展中。

第三节　与美国的关系

冷战时期，美国出于自身利益和意识形态对抗，在东帝汶1975年进行第一次独立时，对印尼入侵东帝汶采取了"默许"的政策，并且印尼在入侵行动中还使用过美国援助的军事装备。之后，美国在国际场合并未明确其立场。随着冷战的结束，意识形态的对抗下降，美国在东帝汶问题上支持印尼的立场越来越受到国际舆论的谴责。1999年东帝汶再次要求独立时，克林顿总统谴责印尼支持民兵暴力活动，并警告说，如果印尼不"改变路线"，允许国际维和部队进行干预，就会有"可怕的后果"。美国受到国内和盟国的以及全球民主化浪潮的影响，选择向印尼施压，支持东帝汶独立。

东帝汶

2002年东帝汶独立之后，美国与东帝汶于2002年5月20日建立外交关系。同年8月，两国签署关于美军免于引渡到国际刑事法院进行审判的豁免协议以及美军在东帝汶"军事地位"的协议。2006年，两国关系进一步发展。1月，美众议院代表团访问东帝汶。3月，美国"千年挑战账户"代表团访问东帝汶。8月，美海军医疗船"仁慈"号抵达东帝汶，开展对东帝汶的人道主义和民事援助工作。2007年9月，美军太平洋总部司令蒂莫西·基廷上将（Timothy Keating）访问东帝汶。2008年4月，美助理国务卿希尔访问东帝汶。2007年美国有一个2060万美元的双边发展援助项目，并且美国作为亚洲开发银行和世界银行等多边机构的主要成员向东帝汶提供资金援助。2009年2月，东汶帝副总理古特雷斯和总统奥尔塔先后访美。2010年9月，奥尔塔总统出席纽约联合国大会并对美进行工作访问。2011年2月，夏纳纳·古斯芒总理率团出席安理会审议东帝汶局势会议并访美。2012年9月，美国国务卿希拉里访问东帝汶。由于东帝汶仍是世界上最不发达的国家之一，与美国直接贸易很少，美国在东帝汶的主要投资者是康菲石油公司。双方间的经济关系接触主要还是源自美国对东帝汶的经济援助。美对东的发展援助是通过美国国际开发署的项目、美国海军基地全年轮转及不断扩大的和平项目进行的。2017年美国千年挑战公司（MCC）将东帝汶列为紧凑型发展国家，对其进行重点援助。至今，两国关系稳定发展。

第四节 与俄罗斯、日本、印度的关系

一 与俄罗斯的关系

俄罗斯是最早承认东帝汶独立的国家之一，并参加了几乎所有的联合国援助计划，提供食品和救济人员，包括民用和运输航空飞行员。2001年6月，俄罗斯航空公司UTair（前身为秋明航空，Tyumen Avia Trans）与东帝汶签订了为期一年的合同，为联合国在东帝汶执行任务提供若干架米格26直升机（价值650万美元）以作援助。尽管俄罗斯是2002年首批

第七章 外　交

承认东帝汶独立的国家之一，并参与了联合国对东帝汶的援助项目，但如今两国都没有互派常驻大使，俄罗斯通过其在印尼雅加达大使馆在东帝汶派驻代表。2019年10月22日，俄罗斯驻印尼大使柳德米拉·沃罗比耶娃（Lyudmila Vorobyova）与东帝汶国防部部长举行会晤。俄罗斯驻印尼大使表示俄罗斯打算专门为东帝汶任命一名武官，帮助东帝汶进行安全与警察培训。2002年5月20日，俄罗斯总统普京签署了一份政令，宣布承认东帝汶独立，并责成俄罗斯外交部与刚成立的东帝汶建交；2002年6月24日，时任俄罗斯外交部发言人亚历山大·弗拉基米罗维奇·雅科文科（Alexander Vladimirovich Yakovenko）宣布已经与东帝汶代表协商，确认俄罗斯已与东帝汶建交。东帝汶总统拉莫斯·奥尔塔在2008年2月被暗杀未遂后，俄罗斯外交部发表声明，表示关注东帝汶事态发展，呼吁稳定政局。俄罗斯表示关切东帝汶总统的生命安全，并希望东帝汶的政治稳定将得到维持，认为这是成功解决东帝汶所面临复杂问题的一个基本条件。

二　与日本的关系

二战期间，日军于1942年占领了东帝汶，占领期间，日本在当地建立了一支主要由印度尼西亚变节分子组成的屠杀队，号称"黑色纵队"，对当地人实施恐怖行动。为了抗击日本侵略，许多东帝汶平民参与了由澳大利亚人和荷兰人组建的抗日突击队。在抗击日本侵略者的战斗中，大约有5万东帝汶人战死。

20世纪末21世纪初，日本对东帝汶进行了大量的援助，成为对东帝汶主要援助国之一。1999年日本向东帝汶提供1亿美元的人道主义援助，日本政府与非政府组织积极参与联合国等国际组织对东帝汶的人道主义援助。2002年东帝汶恢复独立，日本随之与其建立外交关系。2004年7月9日，日本政府决定向东帝汶政府提供高达5.28亿日元的赠款援助，用于帝力恢复电力供应的项目。2004年12月13日，日本首相小泉纯一郎与东帝汶总统夏纳纳·古斯芒进行会晤，日本希望通过对东帝汶的援助来获取东帝汶在联合国改革问题上对日本的支持。2006年东帝汶发生骚乱，

东帝汶

日本外务省表示关注并呼吁国际社会加强人道主义干预。同年，东帝汶政局得到稳定后，东帝汶驻日本首任大使就职，两国关系进一步发展。2009年3月，东帝汶总理夏纳纳·古斯芒访问日本，并与日本首相麻生太郎举行会晤。双方表示加强经贸合作与人文交流，日本将继续向东帝汶提供援助，以帮助东帝汶的和平建设，帮助东帝汶进行基础设施建设以及开发油气资源，以保障日本的石油资源安全；在国际问题上东帝汶再次表示支持日本在联合国等国际舞台上发挥更大的作用，而日本支持东帝汶申请加入东盟。2010年，东帝汶总统拉莫斯·奥尔塔访问日本。2012年1月19日，拉莫斯·奥尔塔再次访问日本，并与日本首相野田佳彦举行会晤。拉莫斯·奥尔塔还在1月20日对日本因大地震受灾的民众进行了慰问。双方将2012年作为"日本与东帝汶的和平与友谊之年"以纪念两国建交十周年，进一步加强两国关系。拉莫斯·奥尔塔邀请日本首相以及日本的高级官员访问东帝汶。日本方面表示将继续通过经济合作协助东帝汶的国家建设。同年3月，东帝汶总理夏纳纳·古斯芒对日本进行访问。2013年6月30日东日两国外长举行会晤，东帝汶获得日本对其申请加入东盟的支持。2014年7月"葡语国家共同体"峰会（CPLP – Comunidade dos Paises deling Portugaesa）在东帝汶举行，会议上批准日本成为葡共体观察国。在2015年7月日本外务大臣政务官中根一幸（Kazuyuki Nakane）访问东帝汶，出席葡共体峰会，与东帝汶政府官员就双边关系和地区事务交换意见。2016年东帝汶总统塔乌尔·马坦·鲁瓦克访问日本，进一步推动两国关系稳定发展。

三 与印度的关系

东帝汶和印度的关系可以追溯到近代早期。印度商人到帝汶岛上寻找檀香木。在葡萄牙殖民东帝汶和印度果阿等部分地区后，双方贸易联系有所增加。葡萄牙在印度设立了各种各样的驻军中心来管理葡属殖民地之间的贸易，并且葡萄牙在亚洲的所有殖民领土，包括东帝汶，都由葡萄牙总督在印度果阿进行管理统治。17世纪初，葡萄牙人在东帝汶传教，而印度人曾到东帝汶担任驻军士兵、殖民地官员和传教士。19世纪晚期，一

第七章 外　交

些印度人来到东帝汶从事移民劳动。

　　印度是第二个承认东帝汶独立的国家。印度外交部长贾斯万特·辛格（Jaswant Singh）在2002年5月率领印度的高级代表团参加东帝汶独立日庆祝活动。两国于2003年1月24日正式建立外交关系。在2003年举行的联合国大会上，东帝汶总理马里·阿尔卡蒂里宣布，支持印度成为联合国安理会常任理事国。印度外交官卡姆利什·夏尔马（Kamlesh Sharma）和阿图尔·卡尔（Atul Khare）分别在2004年和2009年担任联合国秘书长驻东帝汶特别代表。东帝汶投票支持印度在2011～2012年担任联合国非常任理事国。东帝汶还支持于2013年9月选举卜南·赫特拉帕尔·辛格（Poonam Khetrapal Singh）为世界卫生组织东南亚区域主任。2015年1月在联合国大会上与印度共同发起一项决议，设立6月21日为国际瑜伽日。近几年，东帝汶与印度互动关系密切，两国官员之间进行了几次高层互访。东帝汶卫生部副部长纳塔利·D. 阿劳霍（Natalie D. Araujo）于2013年2月访问了德里，参加东南亚国家传统药物国际会议，他是第一个访问印度的东帝汶政府官员。2013年5月，东帝汶财政部部长埃米莉亚·皮雷斯（Emilia Pires）访问印度，出席亚洲开发银行行长会议。赫尔尼·科埃略（Hernani Coelho）是第一个到访印度的东帝汶外交部长，于2016年3月27日至29日对印度进行为期两天的访问，并会见了印度外交部部长苏什玛·斯瓦拉杰（Sushma Swaraj）、卫生和家庭福利部部长贾加特·普拉卡什·纳达（Jagat Prakash Nadda）。

　　东帝汶和印度之间的双边贸易在2015～2016财政年为345万美元。印度向东帝汶出口了价值342万美元的商品，进口额为3万美元。印度出口到东帝汶的主要商品是药品、塑料和电子机械。印度从东帝汶进口的主要商品是化工产品。2014年10月，印度驻印尼大使率领第一个印度商业代表团访问东帝汶。印度为东帝汶提供了单边关税优惠市场准入，以方便出口商品和服务。印度一些油气公司已经在东帝汶的石油和天然气产业上进行了投资，在东帝汶沿岸进行石油和天然气勘探。印度信实石油公司（Reliance Petroleum）获得了2006年在东帝汶沿海两个区块的石油勘探权。信实石油公司于2010年底开始在帝汶海进行天然气勘探。印度小额信贷机构贝司克斯向东帝汶小额信贷机构图巴·雷梅提供技术援助。2006年，印度塔塔汽车公司为东帝汶警察和其他政府机构提供了400辆汽车。

印度和东帝汶在文化上的交流也推动了双边关系的发展。截至2016年12月，约有25名印度人在东帝汶各部委担任顾问。在东帝汶，有来自印度的企业家，也有一些从事贸易和餐饮业的印度人，还有一些著名的印度商业家族。一些东帝汶留学生在印度卡纳塔克邦芒格洛尔穆勒的教育机构里学习。

印度政府于2008年10月批准了对东帝汶基础设施项目的援助。2010年3月，印度驻雅加达大使馆向东帝汶捐赠了10万美元。2014年3月，印度提出在东帝汶建立一个信息技术中心。印度捐赠了一辆装备齐全的救护车，可作为流动手术室，并且由印度外交部于2016年1月向东帝汶卫生部提供71000美元的资金。印度的技术和经济合作计划（the Indian Technical and Economic Cooperation Programme）、印度文化关系委员会（the Indian Council for Cultural Relations），以及普通文化奖学金计划（the General Cultural Scholarship Scheme）向东帝汶的留学生提供了奖学金。东帝汶外交人员也参加了印度外交部外务研究所组织的外国外交官的专业课程。印度还为东帝汶妇女与东帝汶发展机构联合提供培训。

第五节　与澳大利亚、新西兰的关系

一　与澳大利亚的关系

东帝汶虽然与澳大利亚隔海相望，但两国有着密切的政治、经贸关系。澳大利亚在东帝汶独立史上扮演着十分重要的角色。冷战时期，1975年东帝汶第一次独立时，澳大利亚对印尼的入侵行动表示了默许。特别是1974年9月惠特拉姆与苏哈托举行会面时表示，澳大利亚倾向于东帝汶并入印尼的结果。虽然印尼在入侵东帝汶过程中制造了"巴里布"

第七章 外 交　Timor-Leste

(Balibo)事件①，杀害了5位澳大利亚的记者，澳大利亚国内特别是媒体对印尼提出严厉的批评并要求本国政府对印尼入侵东帝汶采取强硬态度，但令人意外的是澳大利亚政府对此事件最终并没有做出任何强烈的反应。虽然澳大利亚在东帝汶问题上与印尼出现了一些矛盾，但在印尼正式入侵东帝汶后，澳大利亚并没有进行干预，不过澳大利亚对此还是感到不满，在印尼邀请澳方参加东帝汶临时政府成立仪式时，澳大利亚的态度不明确，最终没有接受邀请。"澳大利亚新政府缺乏经验，但其利益与印尼相同……澳最为关心的是巴布亚新几内亚，希望印尼在此问题上向澳方给予更多的保证。"印尼从而得到澳政府更为明确的态度，继而推动了印尼采取进一步行动。因此，澳大利亚在东帝汶第一次独立过程中起到了十分消极的作用。并且，澳大利亚和印尼在占领期间签订了几份关于东帝汶和澳大利亚边界条款，这为独立后的东帝汶与澳大利亚的一些争端埋下了伏笔。

随着冷战的结束，全球民主化浪潮的推进，澳大利亚在东帝汶恢复独立的过程中再次起到关键性的作用。东帝汶独立运动组织曾长期在澳大利亚设有办事处。据澳大利亚2001年统计，出生在澳大利亚的东帝汶人有9386名，在澳大利亚居住的东帝汶人有15375名。澳大利亚国防部队以平息印尼军方造成的骚乱、混乱为由于1999年抵达东帝汶。澳大利亚于1999年领导了东帝汶维和行动，并为后来在东帝汶的联合国过渡时期行政当局及其后续行动提供了大量部队。2006年，澳大利亚向东帝汶再次派遣作战部队，以平息东帝汶的种族冲突。2012年12月，最后一批澳大利亚维和部队离开了东帝汶。东帝汶军队自2001年起就接受澳大利亚军队的训练、建议以及其他形式的支持。截至2018年，仍有澳大利亚军事人员驻扎在东帝汶，以提供这种援助。另外，澳大利亚给予东帝汶大量的经济援助，2000年至2010年底，澳大利亚已经向东帝汶提供约7.6亿澳元的直接援助。2013~2014年，澳大利亚向东帝汶提供的年度援助预算

---

① 5名澳大利亚记者于1975年10月死于印尼边陲小镇巴里布，印尼声称是印尼士兵与东帝汶独立战士的交火导致5位记者丧生。澳方出于维持两国关系考虑，从未对此说法有过任何质疑，直到2009年影片《巴里布》公映，这才引起了澳方对此事的再次关注。

147

为 1.06 亿澳元。2013~2014 年,东帝汶成为澳大利亚第 118 个最大的商品贸易伙伴,总商品贸易价值 2400 万美元。澳大利亚和东帝汶在农业上进行着合作,其中东帝汶出口量最大的农产品是咖啡,其他出口的农业产品有香料、糖果和棕榈油。

2006 年双边关系发展迅速。5 月,澳大利亚外长唐纳短暂访问东帝汶,与东帝汶总统、总理和外长会晤,双方就解决东帝汶危机、派遣国际警察部队来东帝汶维和进行讨论。6 月,澳大利亚总理霍华德对东帝汶进行访问,成为东帝汶独立后首位访问东帝汶的外国政要。澳大利亚和东帝汶之间近年来进行了多次高层互访:2010 年 6 月,拉莫斯·奥尔塔总统在三名部长陪同下访问澳大利亚,10 月,澳大利亚移民部部长克里斯·鲍文访问东帝汶,12 月,澳大利亚内政部长布伦丹·奥康纳访问东帝汶。2011 年 4 月,澳大利亚国防部部长斯蒂芬·史密斯访问东帝汶,同年 7 月,澳大利亚外交部部长陆克文访问东帝汶。2012 年 2 月,东帝汶总理夏纳纳·古斯芒访问澳大利亚,同年 5 月澳大利亚总督昆廷·布莱斯(Quentin Bryce)、退伍军人事务部部长沃伦·斯诺登(Warren Snowdon)访问东帝汶,参加东帝汶独立 10 周年庆典,12 月,外交部长鲍勃·卡尔(Bob Caw)访问东帝汶。2013 年 2 月,澳大利亚能源与资源部部长兼旅游部部长马丁·弗格森(Martin Ferguson)访问东帝汶,8 月,澳大利亚国际发展部部长梅丽莎·帕克(Melissa Parke)访问东帝汶。

但东帝汶与澳大利亚之间存在着一些争议问题,这些问题影响到两国关系的发展。首先是海洋划界和石油问题。澳大利亚与东帝汶之间的海洋划界问题早已有之。1972 年,澳大利亚与印度尼西亚划定了两国位于帝汶海的海洋边界,当时东帝汶还是葡萄牙殖民地,在葡萄牙的反对下,澳印尼海洋边界在东帝汶段未能划定。东帝汶被并入印尼后,印尼先后于 1989 年和 1997 年与澳大利亚就此签署相关划界条约,但东帝汶于 2002 年独立后明确不承认澳印尼之间的双边协议。澳大利亚在东帝汶独立前夕根据《联合国海洋法公约》(以下简称《公约》)第 298 条发表了排除性声明,宣布不接受《公约》规定的海洋划界争端解决程序,而后在东帝汶独立当日与其签署 2002 年《帝汶海条约》,建立面积巨大的石油共同开发区。2006年1月，两国签订《帝汶海特定海上安排条约》，就资源开发等问题做进一步的规定。之后东帝汶认为，根据《公约》，帝汶海油气区中绝大部分区域位于东帝汶海洋权益区内，因此要求与澳大利亚通过谈判或司法方式解决两国海洋边界问题，但澳大利亚既不谈判，更不允许提交司法解决。2016年4月，东帝汶根据《公约》有关规定，向联合国秘书长提起针对澳大利亚的强制调解程序，请求设立调解委员会，就有关海洋边界争议进行调解，为双方进一步谈判提出建议。澳大利亚和东帝汶政府于2017年1月9日发表声明说，东帝汶政府向澳大利亚政府出具要求终止两国2006年签订的《帝汶海特定海上安排条约》的书面通知，该条约将在通知发出之日三个月后失效。另外还有监听事件。澳大利亚间谍被发现曾于2006年两国签署协议期间在东帝汶政府内阁办公室安装窃听器后，两国关系开始变得紧张。这一窃听丑闻被曝光数月后再次登上头条，原因是澳大利亚情报安全机构突袭了在澳大利亚的东帝汶律师办公室及其住所，并没收了不少文件。两国关系随即变得更加紧张，没有一名澳大利亚部长级官员在2013年之后到访过东帝汶。此后，国际法庭还曾针对澳大利亚下达特殊法令，要求平息其对东帝汶的监听丑闻。2018年3月，联合国秘书长古特雷斯亲自见证东帝汶同澳大利亚签署《东帝汶海海上边界条约》。该条约确定了澳大利亚和东帝汶在帝汶海的永久海上边界，并为资源开发建立了一个稳定的法律框架，为企业和投资者提供了确定性和稳定性。

二 与新西兰的关系

新西兰在东帝汶独立后与之建立起外交关系。两国关系包括一项发展援助方案和正在出现的双边贸易和经济联系。新西兰政府鼓励本土企业在东帝汶寻找机遇，支持东帝汶在具有竞争优势的领域寻找和发展经济可持续产业。东帝汶加强与新西兰的关系，并于2014年在惠灵顿开设了大使馆。东帝汶大力支持新西兰成功竞选联合国安理会（2015~2016）理事国席位。新西兰在东帝汶的维和行动中也起到了重要作用。在1999年东帝汶恢复独立之后，大量新西兰国防和警察人员被部署到东帝汶。自2012年

12月联合国东帝汶综合特派团和2013年3月国际稳定部队（ISF）撤出以来，在东帝汶的新西兰军人和警察数量已显著减少。

高层互访交往为两国关系带来了进一步发展。2008年3月，新西兰国防部部长菲尔·戈夫（Phil Goff）访东帝汶。8月，夏纳纳·古斯芒总理访问新西兰。2009年5月，新西兰国防部长韦恩·马普（Wayne Mapp）访问东帝汶。2011年9月，夏纳纳·古斯芒赴新西兰出席太平洋岛国论坛。2012年5月20日，新西兰总督迈特帕里出席了东帝汶新总统就职仪式和恢复独立10周年庆典，并对东帝汶进行了国事访问。2012年9月，新西兰外长穆雷·麦克卡利（Murray Mucully）访问东帝汶。2016年3月，东帝汶总理助理、前总统兼总理若泽·拉莫斯·奥尔塔访问新西兰。2015年5月，东帝汶外长若泽·路易斯·古特雷斯（Jose Luis Guterres）访问新西兰。2017年，东帝汶总理鲁伊·玛利亚·德·阿劳若（Rui Maria de Araujo）访问新西兰期间表示，新西兰是"东帝汶独立的重要支持者"。2017年5月，新西兰毛利人发展部长特乌鲁拉·弗拉韦尔（Te Ururoa Flavell）出席东帝汶总统古特雷斯就职典礼和独立庆典。

第六节 与葡语国家的关系

一 与葡萄牙的关系

葡萄牙是东帝汶前殖民宗主国，因此对东帝汶有着十分深远的影响。葡萄牙人于16世纪初首次登陆帝汶岛，随后开始了长达400多年的殖民统治。17世纪，将帝汶岛西部划分给荷兰占领，1859年葡荷两国正式签订条约，东帝汶属葡萄牙殖民地。进入20世纪，殖民地的民族独立意识不断加强，尤其是二战后，去殖民化浪潮不断高涨。1951年名义上改为葡海外省。1974年4月25日葡萄牙国内爆发了著名的"康乃馨革命"，又称"四·二五"革命。新政府上台后，宣布支持殖民地的自决权，允许东帝汶举行公民投票，实行民族自决。1974年8月3日葡萄牙政府向联合国秘书处递交了一份备忘录，宣称全面与联合国合作，承

第七章 外　交

认东帝汶的非自治领地地位，承认其有自主管理权。然而，葡萄牙最终没有阻止印尼入侵东帝汶，葡萄牙开始在国际社会上呼吁，帮助东帝汶争取独立，并与印尼举行多次谈判，1992~1999年，在联合国秘书长的主持下，葡萄牙与印尼外长就东帝汶问题进行了12轮谈判，最终双方就东帝汶的民族自决问题达成共识。1999年8月，在联合国的监督下，东帝汶进行了全民公决投票，78.5%的东帝汶人支持独立。同年12月，葡萄牙外长伽马访问东帝汶。2000年，葡萄牙总统、总理和议长相继对东帝汶进行访问。

东帝汶建国后与原宗主国葡萄牙关系密切，两国关系发展顺利。2006年2月，东帝汶总理马里·阿尔卡蒂里对葡萄牙进行工作访问。同月，应夏纳纳·古斯芒总统邀请，葡萄牙总统豪尔赫·桑帕约（Jorge Sampaio）访问东帝汶。3月，夏纳纳·古斯芒总统前往葡萄牙出席葡总统卡瓦科·席尔瓦（Cavaco Silva）的就职典礼。9月，葡萄牙内政部长安东尼奥·路易斯·桑托斯·科斯塔（Antonio Luis Santos da Costa）访东帝汶。12月，葡萄牙议会代表团访问东帝汶。1999年以来，葡萄牙除向东帝汶提供大量经济和人道主义援助外，还派遣了1000余人的维和部队和警察以及100名教师。葡萄牙是对东帝汶援助最多的国家。2002年，葡萄牙政府与东帝汶政府进行了金额达8048.5万欧元的合作项目，其中包括提供900万欧元的援助。两国已签署2004~2006年合作计划书，根据该计划葡萄牙将援助5000万欧元。2004年，葡萄牙援助额为2056.8万欧元。同年6月，葡萄牙参与联合国在东帝汶维和行动的最后一批维和军人253人返回葡萄牙。2005年，两国签署了军事技术合作协定。同年6月，东帝汶总理马里·阿尔卡蒂里访问葡萄牙，葡萄牙同意向东帝汶派30名警察帮助其培训地方安全部队。2012年5月19~21日，葡萄牙总统席尔瓦对东帝汶进行国事访问，其间出席了东帝汶新总统的就职仪式和东帝汶恢复独立10周年庆典。2014年东帝汶葡萄牙两国签订了《2014~2017年战略合作计划》，该合作计划涉及金额为4200万欧元，该计划因东帝汶提前选举而于2017年届满时延长有效期至2018年。2019年7月，葡萄牙与东帝汶签署了《2019~2022年战略合作计划》，该合作计划

东帝汶

涵盖教育、司法、国防、执法、公共财政、社会经济等领域,涉及金额达 7000 万欧元。

二 与巴西的关系

东帝汶与巴西都是葡语国家共同体的成员。由于曾经作为葡萄牙殖民地的共同历史,巴西和东帝汶在 2002 年东帝汶正式独立建国之前就已经有了正式的关系。巴西一直支持东帝汶作为独立民主国家的发展,两国在技术培训项目、葡萄牙语教学和足球等多个项目上进行了合作。巴西和东帝汶之间的正式关系始于 1999 年,当时巴西政府为重建提供了许多援助项目。例如,巴西合作机构为东帝汶建设项目提供便利,包括培训基础设施部门,提高东帝汶律师、检察官和法官的能力,以强化司法部门的能力和效力。

自 1999 年以来,巴西在东帝汶参加了五次维和任务。东帝汶曾两次获得巴西总统的支持,一次是在国家地位正式确立之前,一次是在之后。巴西总统费尔南多·恩里克·卡多索(Fernando Henrique Cardoso)在 2001 年初访问了东帝汶,以展示巴西"致力于建立一个民主和稳定的东帝汶的努力"。2008 年 1 月,东帝汶总统拉莫斯·奥尔塔第一次访问巴西。巴西和东帝汶双方达成了部分协议,包括在东帝汶扩展巴西教师的交流项目,巴西承诺帮助东帝汶培训足球教练。在这次访问期间,拉莫斯·奥尔塔宣布在巴西利亚建立大使馆。在拉莫斯·奥尔塔返回东帝汶之后不久,他和总理夏纳纳·古斯芒遭到一次未遂暗杀,这引发了巴西公众反应,巴西政府表示对"新国家"的安全感到震惊和关切,"强烈谴责袭击",并拒绝"一切形式的暴力作为解决政治分歧的方法"。当时,巴西和东帝汶有十多个合作项目。拉莫斯·奥尔塔在几周内就恢复了健康,回到了办公室。2008 年 7 月,巴西总统路易斯·伊纳西奥·卢拉·达席尔瓦(Luiz Inácio Lula da Silva)访问东帝汶。在这次访问中,卢拉表示,"巴西和东帝汶之间的纽带是牢固的,反映在深厚的友谊和团结,以及共同的遗产中",除了签署 6 项协议之外,巴西作为东帝汶国家元首遇袭后第一个来访的国家,具有非常重要的象征意义。另外,巴西与东帝汶基于共同的语言与殖

第七章 外　交

民历史，两国在文化交流方面较为突出。巴西一名著名外交官塞尔吉奥·维埃拉·德梅洛（Sergio Vieira de Mello）曾参与东帝汶恢复独立工作。德梅洛作为联合国秘书长负责监督东帝汶和平过渡的特别代表，花了三年时间来监督东帝汶建立国家体制框架。东帝汶议会甚至用他的名字设立了一个 Sergio Vieira de Mello 人权奖。

巴西向东帝汶提供了大量的援助，主要集中在经济和基础设施方面，例如培训土木工程师和发展电力系统。两国之间的一项重大协议是巴西的技术合作项目，其中包括投入 800 万美元用于培训 10 个主题领域的项目：劳工、司法、国家安全、文化、农业、教育、治理、体育、环境和卫生。例如，PROCAPES（旨在确保教师有足够的葡萄牙语教学资料）；ELPI（为葡萄牙语教师提供资源和教育）；PG-UNTL（行政与管理原则方面的研究生课程以及其他专业研究生课程）；PROFEP（培训无证高中教师以提高教学质量）。这些项目一直在进行中，将来两国有可能进行更多侧重于司法系统、教育、农业等方面的合作项目。然而，两国间的贸易额相对较低。东帝汶只有 0.39% 进口额来自巴西，而东帝汶对巴西几乎没有商品出口。此外，巴西对东帝汶的出口和从东帝汶进口的商品量都很低，海关记录几乎为 0。

三　与其他葡语国家以及葡语国家共同体的关系

东帝汶与莫桑比克的关系十分密切。在独立之前，有几位东帝汶政治领导人流亡在莫桑比克，包括东帝汶前总统拉莫斯·奥尔塔和前总理马里·阿尔卡蒂里。两国都是葡语国家共同体的成员。东帝汶在莫桑比克首都马普托（Maputo）设有大使馆。

东帝汶于 2002 年加入葡语国家共同体。葡语国家共同体外长理事会 2006 年 6 月 18 日在葡萄牙首都里斯本举行关于讨论东帝汶局势的特别会议，决定派遣一个由部长和专家组成的代表团前往东帝汶进行考察。葡萄牙、安哥拉、莫桑比克、巴西、佛得角、圣多美和普林西比、几内亚比绍和东帝汶 8 个官方语言为葡萄牙语国家的外长及代表参加了当天的会议。会议结束时发表的公报说，葡语国家共同体外长理事会重申对东帝汶当局

的政治支持，对造成人员伤亡的动乱予以谴责。公报敦促东帝汶各方政治力量继续进行对话，认为政治对话有利于局势的稳定，是国家发展的重要条件。公报呼吁国际社会为东帝汶局势的稳定做出积极的、应有的努力，并向东帝汶人民提供人道主义援助，以帮助东帝汶人民克服这段时间的困难。时任葡语国家共同体外长理事会主席、圣多美和普林西比外长卡洛斯·古斯塔沃·多斯·安若斯（Carlos Gustavo dos Anjos）在会议结束后会见记者时说，这次会议很重要，代表团将很快组成并前往东帝汶。葡萄牙外长迪奥戈·弗雷塔斯·多阿马拉尔（Diogo Freitas do Amaral）表示，葡语国家共同体成员国应该有自己的共同行动，并为联合国进行有效的决策提供正确的建议。他说，鉴于这段时间东帝汶局势仍然动荡不定，有必要向东帝汶派遣联合国维和部队，葡语国家共同体成员国应该积极加入联合国的维和部队。

东帝汶曾长期沦为葡萄牙殖民地，葡萄牙语一直是东帝汶的官方语言之一。将自身定位为地处亚洲的葡语国家，同葡语国家共同体及其成员国发展关系是东帝汶外交重点之一。2014年，东帝汶成为葡语国家共同体轮值主席国，这是自2002年东帝汶加入葡共体以来，首次担任葡共体主席国，其任期至2016年7月16日。东帝汶政府宣布帮助几内亚比绍、圣多美和普林西比支付所欠葡语国家共同体的会费。2016年7月23日，葡语国家共同体峰会在东帝汶首都帝力举行。本次峰会主题为"挑战与机遇"，以葡语国家共同体峰会为契机，东帝汶增强了在葡语国家的影响力，东帝汶政府希望以此向世界各国传递一个信息：这个岛国已经成熟，能够自己做出决定。2015年3月，东帝汶担任葡语国家共同体工商联合会主席。2016年11月，东帝汶将葡语国家共同体轮值主席国移交巴西。

第七节　与中国的关系

东帝汶与中国在古代就有交往记录，在14世纪，中国就已从东帝汶输入檀香木，善于经商的华人成为有史可查的最早来帝汶岛进行贸易的商人。近代葡萄牙殖民统治期间，华人与东帝汶人民之间联系紧密，中国东

第七章 外　交

南沿海一带居民为了经商或是躲避国内战争，开始大量"下南洋"来到帝汶岛。另外由于中国澳门与东帝汶都曾被葡萄牙侵占、东帝汶较澳门落后，澳门曾一度成为教育、文化和贸易中心。19世纪以后，大量中国移民涌入东帝汶，20世纪70年代以前葡萄牙统治东帝汶时期在东帝汶生活着3万多位华人。葡萄牙殖民者侵占澳门后，澳门与葡属东帝汶产生一些联系、交往。1975年印尼出兵占领东帝汶，对当地华人造成冲击，中国政府发表声明抗议这次入侵行动，表示支持东帝汶独立。此后中国多次在国际场合表示支持东帝汶的独立运动。1999年东帝汶全民公决选择独立，但是在选择独立这一过程中发生严重的骚乱，因此为防止人道主义危机进一步恶化，联合国决议派遣维和部队，中国也参与其中，派遣大批维和警察帮助东帝汶过渡政府。1999年8月30日，东帝汶人民通过投票方式宣布独立。在此之后，中国作为联合国常任理事国之一，一直积极倡导通过和平方式在政治上解决东帝汶问题，中国积极响应联合国要求，通过派遣民事警察，提供援助来参加联合国东帝汶维和行动和过渡行政当局的工作。1999年9月底，中国红十字会通过红十字国际委员会向东帝汶人民提供价值10万美元的援助。同年10月初，中国驻印尼大使向东帝汶难民捐赠了3万美元救济款。2000年1月24日，东帝汶独立革命阵线领袖夏纳纳·古斯芒访华，中国政府宣布向东帝汶提供5000万人民币的无偿援助。

2002年东帝汶正式宣布独立，中国政府第一个承认并与之建交。东帝汶表示承认并支持一个中国原则。双方关系发展顺利，各领域交流合作不断加强。中国和东帝汶同为发展中国家，都肩负着发展经济、改善民生的重大任务。中国同情东帝汶的历史遭遇，了解东帝汶当前发展的迫切需要，所以中国向东帝汶提供无偿援助，主要是着眼于提高东帝汶自主和可持续发展的能力，使东帝汶人民分享中国发展带来的机遇。在政治互信方面，中国同东帝汶政治互信逐渐增强。中国和东帝汶建交以来，双方高层互动频繁，两国政治关系稳步发展，东帝汶总统、总理、副总理、各部部长以及各主要政党负责人先后一次或多次访华。中国先后访问东帝汶的有政协副主席、外交部长及副部长、中联部副部长和国防部官员等。2002年5

东帝汶

月20日，时任中国外长唐家璇应邀出席东帝汶独立庆典，与东帝汶外长拉莫斯·奥尔塔共同签署了《中华人民共和国政府和东帝汶民主共和国关于建立外交关系联合公报》。2003年9月17日，东帝汶总理马里·阿尔卡蒂里应邀正式访华，双方签署了《中华人民共和国和东帝汶民主共和国贸易协定》等6个合作文件。2005年11月15日，时任中国国家副主席曾庆红与来北京出席2005年全球工商领导人论坛的东帝汶总理夏纳纳·古斯芒举行会晤，双方就两国关系和共同关心的国际问题交换了意见。2009年6月5日，时任中国外交部部长杨洁篪在北京与东帝汶外交部部长科斯塔举行会谈，科斯塔表示重视中国在本地区的作用，愿与中方一道推动两国友好关系不断迈上新台阶。2012年中国与东帝汶建交10周年之际，时任中国国家主席胡锦涛与东帝汶总统鲁瓦克互致贺电，热烈庆祝东帝汶民主共和国独立10周年暨中国和东帝汶建交10周年。2014年4月8日，中国国家主席习近平在北京会见东帝汶总理夏纳纳·古斯芒，两国领导人一致决定将双边关系提升为睦邻友好、互信互利的全面合作伙伴关系，秉持传统，深化互利合作。在对东帝汶发展援助方面，东帝汶独立以来，中国和东帝汶两国政府签署了多项经济技术合作协定，中国在基础设施建设、卫生、农业、人员培训、教育等领域向东帝汶提供了力所能及的援助。到东帝汶投资及从事工程承包的中国企业日益增多，涉足基建、农业、贸易等多个领域，成果丰硕。其中，"一网""一路""一港"项目引人注目，即东帝汶国家电网项目已进入运营维护阶段，东帝汶首条高速公路——苏艾高速公路一期项目已于2018年11月正式通车，蒂巴港项目正在建设。这三大项目均由中国企业承建。中国援建并已落成投入使用的东帝汶外交部办公楼和总统府两个成套项目，目前已成为东帝汶首都帝力的地标性建筑。中方向东帝汶提供水稻、玉米种植技术，农机具，蚊帐，车辆等各类民生援助，援建的粮仓、数字电视等项目正稳步推进。自2011年以来，中国援东帝汶小学学校、100套军人住宅、国防部和国防军司令部办公楼等项目相继竣工并交付东帝汶。中国积极支持东帝汶政府能力建设，已有超过1000名东帝汶公务员和技术人员赴华接受培训，涉及管理、旅游、城市规划、贸易投资、热带病防治、基础设施建设、减贫、

第七章 外 交

渔业、小水电等领域。中国政府每年向东帝汶提供政府奖学金留学生名额，迄今已有105名东帝汶学生在华取得了多个专业的本科、硕士、博士学位。2018年东帝汶总理鲁瓦克夫妇亲自推动的援东帝汶职业教育培训班圆满结业，45名东帝汶学生返回东帝汶。中国还特别关注东帝汶民生事业发展，截至2015年6月，援东帝汶杂交水稻示范种植项目已完成三期，效果显著，深受当地农民欢迎。从2004年开始已派出8批中国医疗队共100余名医生前去东帝汶，为15万余名患者提供医疗救治服务。2016年4月，中国与东帝汶完成援东玉米全程机械化高产栽培示范项目换文，10月份该项目已开始实施。2017年5月，中国与东帝汶完成援东粮仓与粮食加工厂项目、援东DTMB（地面数字电视传输系统）项目换文。2017年6月，中国与东帝汶完成援东警用物资换文。2017年7月，中国和东帝汶签署经济技术合作协定，将支持双方在医疗和教育领域开展合作。2018年2月，中国援助东帝汶国防军包括军营打井项目交付，同时，中国援助东帝汶农机设备完成交付。2018年4月，中国援助东帝汶提前议会选举投票箱完成交付。2019年5月27日，中国驻东帝汶使馆临时代办雷震与东帝汶卫生部代理部长博尼法西奥分别代表各自政府签署《中华人民共和国和东帝汶民主共和国关于中国派遣医疗队赴东帝汶工作的议定书》，以更好地加强对东帝汶医疗合作、帮助东帝汶提高医疗卫生水平。此外，中国还多次向东帝汶提供粮食、安检设备等物资援助。

2008年汶川大地震发生后，东帝汶向中国提供了一笔50万美元的捐款，这是东帝汶独立后首次向外国政府提供捐赠，体现了东帝汶人民对中国人民的深情厚谊。2010年，拉莫斯·奥尔塔总统分别就我国青海玉树地震、洪涝泥石流灾害造成重大人员和财产损失表达慰问。

在双边经贸合作方面，中国与东帝汶建交以来双边贸易快速发展，双边贸易额从2002年之初的100万美元增长至于2018年的1.35亿美元。中国成为东帝汶第二大贸易伙伴，并且双边贸易额不断增长。2010年6月，东帝汶向中方购买的两艘总价值为2800万美元的巡逻艇交付使用。中国核工业第二二建设有限公司中标的东帝汶国家电网建设项目正在加紧施工中。两国政府还签署了贸易协定和多项经济技术合作协定。此外，为

东帝汶

进一步促进两国经贸合作,中方决定从 2010 年 7 月起对东帝汶输华的 95% 商品逐步实施零关税待遇。

双方在工程承包领域的合作卓有成效,截至 2018 年年底,在东帝汶从事工程承包的大型中国企业已经近 20 多家,包括近 10 家央企,签约承包合同超过 20 亿美元。中国核工业第二二建设有限公司 2008 年中标的东帝汶国家电网是东帝汶建国以来最大的基建项目。该项目已于 2010 年 1 月开工建设,工程主要包括 9 个变电站、603.542 千米 150KV 高压输电线路、120 千米 20KV 配电线路和南北电厂配套储油罐等项目。2013 年,9 个变电站已全部竣工并交付使用。北部电网于 2011 年 11 月建成通电,2014 年下半年南部电网全部建成通电。此外,还有其他大型工程承包项目,包括中铁一局集团有限公司建成东帝汶苏艾高速公路项目、重庆对外建设(集团)有限公司承建东帝汶索勒瑞玛—班度达图 29.39 千米道路项目、中国山东对外经济技术合作集团有限公司承建东帝汶 DILI 道路升级、中国土木工程集团有限公司承建东帝汶液化天然气厂和港口设施项目等。

2012 年 5 月,胡锦涛主席特别代表、全国政协副主席王志珍访问东帝汶,其间出席了新总统就职仪式和东帝汶恢复独立 10 周年庆典。2015 年,中国与东帝汶互免签证协议生效,两国公民持外交与公务护照可免办签证入境。东帝汶属于葡语系国家,因此也是中国－葡语国家经贸合作论坛(澳门)成员国之一。阿劳若表示东帝汶愿同中方一道不断加强高层往来,加强"21 世纪海上丝绸之路"建设同东帝汶中长期发展规划的战略对接,拓展人文交流,打造两国新时期互信程度更高、互利合作更为密切的全面合作伙伴关系。同月,中国海军 152 舰艇编队首次访问东帝汶。2017 年 5 月,东帝汶前总统、前总理、时任规划与战略合作部长夏纳纳·古斯芒率领东帝汶政府代表团出席在北京举办的第一届"一带一路"国际合作高峰论坛并代表东帝汶与中方签署了"一带一路"合作谅解备忘录。2017 年 5 月 19 日至 20 日,习近平主席特使、全国人大常委会副委员长张平访问东帝汶,出席东帝汶新总统就职仪式和东帝汶恢复独立 15 周年庆典。2017 年 12 月,中国海军和平方舟医院船首次访问东帝汶。

第七章 外　交

2019年4月25日至27日夏纳纳·古斯芒以东帝汶边界事务首席谈判代表身份率领东帝汶代表团出席第二届"一带一路"国际合作高峰论坛。

　　中国和东帝汶在多边领域相互理解，相互支持，在国际和地区事务中保持良好的沟通和协调，共同维护发展中国家的正当权益。作为安理会常任理事国，中国始终关注和支持东帝汶重建和发展事业，一直在安理会维护东帝汶的正当权益，支持有利于东帝汶稳定和发展的各项决议，并积极参与联合国驻东帝汶机构的工作。2000年以来中方共向东帝汶派遣15批、280余名维和警察参与联合国在东帝汶的维和行动。双方在联合国等国际组织中保持良好合作关系，在多个国际组织或机构竞选中相互予以支持。东帝汶是目前唯一没有加入东盟的东南亚国家。东帝汶恢复独立后有意加入东盟。历届政府均将此视为外交优先事项。2011年东帝汶正式申请加入东盟。作为东帝汶的好邻居，中国积极支持东帝汶加入东盟，并愿为此在人力资源培训、设施改善等方面向东帝汶提供帮助。2019年8月2日，中国国务委员兼外交部部长王毅在曼谷会见东帝汶外长巴博。王毅表示，中方支持东帝汶在地区事务中发挥更大的作用，乐见东帝汶加入东盟，愿加强双方在地区机制下的协调合作。

大事纪年

1509 年	葡萄牙军舰首次到达帝汶岛。
1522 年	1~2 月,费迪南·麦哲伦探险队在帝汶岛逗留 26 天,将该岛的第一手资料带回欧洲。
1613 年	荷兰人入侵帝汶岛。
1618 年	荷兰将葡萄牙排挤至帝汶岛东部地区。
1651 年	荷兰人占领了帝汶岛西端的葡萄牙要塞古邦(Kupang),直到 1949 年印度尼西亚独立之前,他们统治着西帝汶岛。
1702 年	第一位葡萄牙总督在欧库西飞地上任。
1769 年	利福被"黑葡萄牙人"包围,帝汶首部转移到帝力。
1851 年	葡萄牙人与荷兰人就解决边界问题达成第一项协议。
1859 年	葡萄牙和荷兰缔结了第一个关于东帝汶的边界划界条约——《里斯本条约》。
1883 年	葡萄牙人与荷兰人就边界问题达成进一步协议。
1899 年	荷兰与葡萄牙在帝汶岛首次划界。
1912 年	葡萄牙人通过使用包括莫桑比克士兵和海军火力在内的殖民地远征军平定布埃纳文图拉叛乱。
1914 年	国际仲裁法庭对 1913 年在海牙签署的条约产生的飞地和边界争端进行最终国际仲裁。
1941 年	荷兰-澳大利亚军队联合进入葡属东帝汶。
1942 年	日本入侵葡属东帝汶。

东帝汶

1945 年	日本战败，葡萄牙恢复对东帝汶的统治。
1951 年	葡萄牙将东帝汶及附属地改为海外省。
1974 年	5月11日，全国民主联盟成立。
	5月20日，帝汶社会民主协会在帝力成立。
	5月27日，帝汶人民民主协会成立。
	9月11日，帝汶社会民主协会改为东帝汶独立革命阵线。
	10月14日，印度尼西亚设立了"科莫多行动"（Operasi Komodo），以破坏东帝汶的稳定。
	11月25日，马里奥·莱姆斯·皮雷（Mario Lemos Pires）上校被任命为东帝汶新总督。
1975 年	1月20日，全国民主联盟和东帝汶独立革命阵线组成了一个支持独立的联盟。
	3月，在葡萄牙议会非殖民化委员会监督下进行东帝汶选举。
	5月26日，全国民主联盟退出联盟。
	6月26日，葡萄牙在澳门举行非殖民化问题会谈，全国民主联盟和帝汶人民民主协会参加，由于与印度尼西亚的一体化问题列入议程，东帝汶独立革命阵线拒绝出席会议。
	7月29日，在地方选举中，东帝汶独立革命阵线赢得55%的选票。
	8月11日，由印度尼西亚情报机构支持的全国民主联盟发生政变，导致3000人死亡，东帝汶独立革命阵线在内战中获胜。
	8月27日，随着内战的爆发，葡萄牙总督和随行人员放弃了帝力，前往阿托洛岛（Atauro Island）。
	9月24日，全国民主联盟撤退至西帝汶。
	10月6日，印度尼西亚第一次军事入侵东帝汶的巴图格德（Batu Gede），该地与西帝汶交界，战斗持续到12月。

大事纪年 Timor-Leste

11月24日，东帝汶独立革命阵线向联合国发出紧急呼吁。

11月28日，东帝汶独立革命阵线单方面宣布东帝汶独立，并宣布将由弗朗西斯科·扎维尔·阿马拉尔（Francisco Xavier do Amaral）担任该国首任总统；

11月29日，印度尼西亚外交部长阿丹·马力克（Adam Malik）在全国民主联盟和帝汶民主人民协会领导人面前签署了一份整合宣言。

12月7日，印度尼西亚全面入侵东帝汶。

12月12日，联合国大会谴责印度尼西亚入侵东帝汶。

12月22日，联合国安理会通过384号决议，敦促印尼立即从东帝汶撤出。

1976年　　1月13日，印尼占领边界地区帝力和包考，并设立临时政府。

1月20~23日，联合国特使访问了东帝汶三个城镇，但无法访问东帝汶独立革命阵线占领区。

4月22日，联合国安理会再次呼吁印尼撤出。

5月2日至6月2日，东帝汶独立革命阵线全国会议动员全国支持。

7月17日，印度尼西亚议会批准将东帝汶合并为印尼第27个省。

9~10月，堪培拉政府查抄了东帝汶独立革命阵线与在澳大利亚的支持者的电台联系。

12月1日，联合国大会拒绝印尼一体化，并要求采取自决行动。

1977年　　9月5日，印度尼西亚展开包围和歼灭行动。

10月1日，尼古劳·洛巴托（Nicolau Lobato）当选为东帝汶独立革命阵线的新领导人，接替弗朗西斯科·扎维尔·阿马拉尔负责与敌人达成妥协政策。

	11月28日，联合国大会再次呼吁东帝汶进行自决。
1978年	1月20日，澳大利亚实际承认印度尼西亚吞并东帝汶。
	7月16～17日，印尼总统苏哈托访问东帝汶。
	8月30日，阿马拉尔向印度尼西亚军队投降。
	11月28日，在马塔比山脉（Matabean Mountains）的东帝汶独立革命阵线基地倒塌。
	12月13日，联合国大会确认东帝汶自决权，但支持范围缩小。
	12月31日，东帝汶独立革命阵线领袖尼古劳·洛巴托被印尼军方杀害。
1979年	10月19日，红十字国际委员会在东帝汶面临大范围饥荒的情况下被允许重新进入东帝汶。
	12月12日，印度尼西亚外交部长穆赫塔尔·库萨马纳塔马卡（Mochtar Kusumaatmaja）承认东帝汶有120000人死于内战。
	12月21日，联合国大会再次呼吁东帝汶自决。
1980年	1月6日，东帝汶被指定为爪哇和巴厘岛的印度尼西亚移民区。
	6月10日～11日，东帝汶独立革命阵线发起进攻，帝力举行起义。
	11月11日，联合国大会再次呼吁印度尼西亚撤出和东帝汶自决。
1981年	3月1～8日，夏纳纳·古斯芒当选为毛贝雷抵抗运动全国委员会（National Council of the Maubere Resistance，CNRM）的主席并确认夏纳纳为东帝汶民族解放军的领导人。
	4月15日，红十字国际委员会被迫再次离开东帝汶。
	10月24日，联合国大会再次呼吁东帝汶自决。
	12月20日，红十字国际委员会暂时被允许返回东帝汶。
1982年	3月，澳大利亚前总理高夫·惠特拉姆（Gough Whitlam）

	访问东帝汶。
	4月14日，红十字国际委员会再次允许澳大利亚参议院就东帝汶问题展开调查。
	10月，印尼总统苏哈托访问华盛顿，印尼近百名国会议员呼吁对东帝汶采取行动。
1983年	2月16日，联合国人权事务高级专员支持东帝汶的自决，并谴责印尼侵犯人权的行为。
	5月10日，古斯芒和印度尼西亚驻东帝汶司令Purwanto上校进行了停火谈判。
	7月，在联合国主持下，印度尼西亚和葡萄牙进行秘密会谈。
	8月8日，印度尼西亚军队进行克拉拉斯大屠杀（Kraras Massacre）。
	9月1日，20000印尼军队发动新的攻势。
	9月22日，联合国大会关于东帝汶问题的决议推迟。
1984年	3月31日，葡萄牙宣布与印度尼西亚政府就东帝汶问题举行会谈。
1985年	8月22日，联合国大会再次对东帝汶问题进行投票。
	9月2日，葡萄牙和印度尼西亚进行自1975年印度尼西亚入侵东帝汶以来首次讨论。
	12月9日，印度尼西亚和澳大利亚宣布，它们将共同开发帝汶峡谷的石油资源。
1986年	7月11日，欧洲议会呼吁在东帝汶行使自决权。
1987年	6月，葡萄牙与印尼就"现实的解决方案"进行对话。
	12月，古斯芒从东帝汶独立革命阵线辞职，宣布东帝汶民族解放军不与任何政党结盟，并建立帝汶抵抗运动全国委员会。
1988年	2月18日，印度尼西亚邀请葡萄牙议会成员向东帝汶派遣观察团。

	9月15日,欧洲议会要求撤出印度尼西亚军队,并申明自决权。
1989年	10月12日,教皇约翰·保罗二世访问东帝汶。
	12月11日,澳大利亚和印度尼西亚签署了《帝汶缺口条约》,分割了东帝汶沿岸的潜在石油和天然气资源。
1990年	1月1日,关于东帝汶的"开放"政策正式确定。
	1月17日,东帝汶青年在帝力举行示威活动并遭到暴力镇压。
1991年	10月下旬,葡萄牙代表团取消对东帝汶的拟议访问。
	11月12日,"圣克鲁斯公墓大屠杀"(Santa Cruz Cemetery Massacre),数以百计的东帝汶平民遇害。
	11月,葡萄牙敦促欧洲共同体对雅加达实行贸易禁运,加拿大、荷兰和丹麦暂停对印度尼西亚的援助计划,以示抗议。
	12月1日,联合国秘书长佩雷斯·德奎利亚尔(Perez de Cuellar)谴责枪击事件是"不正当的侵略行为"和"必须受到惩罚的罪行"。
1992年	2月至12月,联合国秘书长与印度尼西亚外交部长就东帝汶人权问题和古斯芒的状况举行了五次会谈。
	3月,印度尼西亚军舰迫使葡萄牙和平船 Lusitania Express 放弃任务。
	9月,印度尼西亚任命的东帝汶总督马里奥·卡拉斯卡劳(Mario Carrascalao)被帝汶社会民主协会的若泽·阿比利奥·奥索里奥·苏亚雷斯(Jose Abilio Osorio Soares)取代。
	11月20日,印度尼西亚当局逮捕了东帝汶民族解放军的领导人古斯芒。
1993年	5月21日,古斯芒被判处无期徒刑。
	7月22日,东帝汶青年在帝力举行支持独立的示威活动。

大事纪年 **Timor-Leste**

1996 年	流亡的毛贝雷抵抗运动委员会发言人若泽·拉莫斯·奥尔塔和东帝汶主教贝洛共同获得了诺贝尔和平奖。
1998 年	4月27日,毛贝雷抵抗运动委员会更名为东帝汶全国抵抗委员会,其与全国民主联盟加入东帝汶独立革命阵线。 5月12日,印尼士兵在帝利沙地大学(Trisakti University)向学生示威者开火,造成4人死亡。 6~9月,东帝汶大学学生委员会在东帝汶各地组织了大规模示威活动。 9月9日,在帝力设立了东帝汶全国抵抗委员会的全国政治委员会。 10月6~8日,葡萄牙和印度尼西亚高级官员在联合国主持下在纽约举行会议,讨论东帝汶的自治安排。 11月12日,印度尼西亚宣布计划在东帝汶超过440个村庄中武装平民,并为亲印尼民兵武装提供了官方认可。 12月14日,帝力发生支持独立的示威游行。
1999 年	1月27日,印尼总统哈比比宣布,准备允许在东帝汶进行自治或独立的投票。 5月5日,印度尼西亚和葡萄牙外长与联合国秘书长科菲·安南签署《纽约协定》,所有东帝汶成年人将被要求选择就是否接受印度尼西亚境内的自治或拒绝自治举行投票,并让印尼负责为投票提供安全保障。 6月11日,联合国安全理事会第1246号决议正式决定在东帝汶设立联合国援助团(UNAMET)。 8月30日,在联合国主持下就东帝汶独立问题举行全民公投; 9月4日,联合国秘书长宣布投票结果,78.5%的选民拒绝印尼的自治权。 9月7日,古斯芒从雅加达的Cipinang监狱获释。印度尼西亚在东帝汶宣布"戒严"。美国政府和国际货币基金组

织分别警告印尼,如果不能控制暴力,财政援助可能会暂停。

9月10日,国际货币基金组织暂停与印度尼西亚的贷款谈判,并暂停发放下一轮贷款。

9月11日,债权国也暂停了与印尼的金融讨论。

9月12日,为了获得安理会的批准,哈比比宣布印尼正在邀请国际维和部队进驻东帝汶。

9月15日,联合国安理会第1264号决议授权东帝汶国际维和部队负责恢复和平与安全,直到联合国维和行动取代它为止。该部队将由澳大利亚领导。

10月20日,印度尼西亚立法机构通过废除1976年将东帝汶并入印度尼西亚的法律。

10月23日,东帝汶国际维和部队在欧库西进行两栖登陆。

10月25日,安理会第1272号决议成立了联合国东帝汶过渡时期行政当局。

10月31日,最后一批印度尼西亚人员离开东帝汶;

11月,巴西外交官塞尔吉奥·维埃拉·德梅洛(Sergio Vieira de Mello)领导东帝汶过渡行政当局。

12月2日,东帝汶全国咨询委员会成立。

2000年

1月12日,东帝汶过渡行政当局、东帝汶国际维和部队和印度尼西亚军事当局签署边界管理协定。

1月19日,东帝汶过渡行政当局与澳大利亚政府签署谅解备忘录,扩充了《帝汶缺口条约》相关条款。

1月22日,国际货币基金组织将美元定为东帝汶的通用货币。

2月23日,军事指挥权正式从东帝汶国际维和部队移交至东帝汶过渡行政当局。印尼总统阿卜杜拉赫曼·瓦希德(Abdulrahman Wahid)访问东帝汶,表示道歉,并与

大事纪年

东帝汶过渡当局签署边界政权协定；

6月21日，东帝汶全国抵抗委员会和东帝汶过渡当局同意宣布全国咨询委员会的结构。

7月14日，东帝汶过渡当局将治理和公共行政职权让予东帝汶过渡行政当局（ETTA）政府。

9月12日，东帝汶过渡行政当局内阁批准成立东帝汶国防军（F-FTDL）。

10月23日，建立了一个只包括东帝汶人的过渡政府。

11月，东帝汶从帝汶海石油生产中获得第一笔特许权使用费。

12月11日，由联合国支持的帝力法庭首次起诉印度尼西亚军队及其民兵犯下的反人类罪行。

2001年

2月1日，东帝汶民族解放军解散并被东帝汶国防军取而代之。若泽·玛利亚·瓦斯孔塞洛斯（Jose Maria Vasconcelos）担任国防军总司令。

3月19日，古斯芒解散了东帝汶全国重建大会党的共同平台，允许单独的党派活动。

7月1日，东帝汶地区行政长官和地区副行政长官宣誓就职。

7月5日，澳东两国重新谈判帝汶海石油收入，使东帝汶获得90%的特许权使用费。

8月30日，东帝汶独立革命阵线在制宪会议选举中获胜，这是东帝汶第一次民主选举。

2002年

1月31日，东帝汶过渡行政当局的任务期限延长至2002年5月20日。

2月28日，印度尼西亚和东帝汶签署了一项边界议定书；

3月22日，在起草、协商和辩论6个月后，通过了东帝汶国家宪法。

4月14日，总统选举由阿马拉尔和古斯芒竞选，古斯芒

169

	获得81.29%的选票。
	5月17日，根据联合国安理会决议，联合国东帝汶支助团设立。
	5月20日，联合国移交主权至临时政府，东帝汶民主共和国成立。
	7月23日，东帝汶成为世界银行和亚洲开发银行的成员。
	7月31日，东帝汶正式加入葡语国家共同体。
2003年	2月24日，东帝汶民主共和国成为不结盟运动的第115名成员。
2004年	2月，联合国支持的特别委员会对8名印尼高级军事官员的严重罪行进行起诉，罪名是反人类罪。
	8月19日，东帝汶承认印尼对巴提克岛（Batek Island）的主权，但须允许东帝汶在此举行宗教仪式。
	10月6日，东帝汶成为东南亚国家联盟（东盟）区域论坛的成员。
2005年	1月17日，葡萄牙和东帝汶宣布就技术和军事合作达成协议。
	6月13日，澳大利亚军队撤出东帝汶。
2006年	1月12日，东帝汶和澳大利亚签订了《帝汶海特定海上安排条约》。
	4月28~29日，遭到解散的国防军在帝力发动暴力骚乱，引发了国内难民危机，国家警察部队瓦解。
	5月24日，东帝汶政府请求澳大利亚、新西兰、马来西亚提供安全援助。
	5月30日，东帝汶宣布进入30天紧急状态。
	6月8日，总理马里·阿尔卡蒂里辞职。
	7月10日，新内阁宣誓就职。
	8月25日，根据安理会决议设立联合国东帝汶综合特派团。

2007年	1月26日,澳大利亚、东帝汶和联合国签署了关于安全援助的三方协议。
	5月20日,拉莫斯·奥尔塔宣誓就任东帝汶新一届总统。
	6月4日,议会选举。
	6月30日,古斯芒组成多数政府。
	8月8日,古斯芒被任命为总理。
2008年	1月29日,东帝汶和中国签署合作协议。
	2月11日,东帝汶叛乱者发动了攻击,总统拉莫斯·奥尔塔受重伤。
	2月28日,联合国综合特派团的任务又延长了12个月。
2009年	2月19日,联合国综合特派团的任务再延长一年。
	3月5日,澳大利亚国防部长宣布,"只要有必要",澳大利亚部队将留在东帝汶。
	5月,联合国开始将职权移交给东帝汶国家警察(PNTL)。
2010年	2月2日,东帝汶首位反腐败专员阿德利托·苏亚雷斯(Aderito Soares)宣誓就职。
	3月3日,帝力法院判处2008年企图暗杀总统的叛乱分子16年的监禁;
	4月,政府提出《2011~2030年国家发展战略规划》;石油基金累计增加57亿美元。
2011年	2月24日,安理会决定将联合国综合特派团的任务期限再延长12个月。
	3月12日,东帝汶正式申请加入东南亚国家联盟。
	3月27日,联合国警察将东帝汶的全部控制权交还给东帝汶国家警察。
2012年	2月23日,安理会通过了第2037号决议,决定将联合国综合特派团的任期延长至2012年12月31日。
	3月17日,东帝汶选举新总统。时任总统拉莫斯·奥尔

塔与其他11位候选人展开角逐。

4月16日，举行总统选举的决选。若泽·玛利亚·瓦斯孔塞洛斯以61%的选票获胜。

7月7日，东帝汶选民参加议会选举投票。东帝汶总理夏纳纳·古斯芒领导的东帝汶全国重建大会党在议会选举中击败了反对派东帝汶独立革命阵线，但未能获得多数席位，联合政府继续执政。

11月，数百名澳大利亚士兵撤出东帝汶，结束了为期六年的维稳任务。

12月，东帝汶要求澳大利亚重启与东帝汶关于《帝汶海特定海上安排条约》的谈判。

2013年	4月，东帝汶对澳大利亚提起仲裁程序，要求宣布《帝汶海特定海上安排条约》无效。 12月3日，澳大利亚安全情报组织（ASIO）从东帝汶的澳大利亚律师办公室查获材料和文件。 12月18日，东帝汶向国际法院提起诉讼，要求澳大利亚归还被没收的材料。
2014年	东帝汶成为葡共体轮值主席国。7月，葡共体峰会在帝力举行。12月12日，东帝汶指控澳大利亚情报官员秘密窃听其内阁会议，以在2004年的石油和天然气谈判中获得优势，东帝汶与澳大利亚的关系因此严重紧张。
2015年	2月2日，鲁伊·德·阿劳若（Rui Maria de Araujo）与古斯芒的东帝汶全国重建大会党组成联合政府，以缓解政治紧张局势，稳定国家局势。 2月6日，古斯芒辞去总理一职。 2月11日，东帝汶宣布，总统选择前卫生部长、反对党成员鲁伊·玛利亚·德·阿劳若为东帝汶新总理。 6月6日，澳大利亚归还了2013年12月突袭行动中缴获的文件后，东帝汶撤销了在联合国法庭对澳大利亚的一

桩与间谍丑闻有关的起诉。

2016年　3月，由夏纳纳·古斯芒在帝力和世界各地领导了"别碰东帝汶的石油"抗议活动。

9月11日，海牙常设仲裁法院审理澳大利亚和东帝汶之间长达10年的海上边界争端。

2017年　1月1日，澳大利亚表示，将接受东帝汶取消海上边界划界的安排的行动。

3月20日，东帝汶举行总统选举。

5月20日，弗朗西斯科·古特雷斯宣誓就任新一届东帝汶总统。

7月22日，东帝汶举行议会选举，竞选活动主题集中在发展和就业问题上。

9月21日，澳大利亚和东帝汶就海上边界问题达成突破性协议，结束了10年来的争端。

10月18日，东帝汶新政府在议会中失败，反对党联盟否决了新政府的预算计划。

12月19日，东帝汶反对党联盟第二次拒绝接受新政府的预算计划后，东帝汶出现政治危机。

2018年　1月26日，由于议会未能第三次通过新政府预算和发展项目。弗朗西斯科·古特雷斯总统宣布解散议会，并呼吁重新选举。

3月6日，澳大利亚和东帝汶签署了一项划界的历史性条约，结束了多年来围绕帝汶海蕴藏的数十亿美元石油和天然气资源的激烈争论。

5月12日，东帝汶人在少数党政府垮台后不到一年的时间里进行了第二次议会选举。反对党联盟以绝对多数险胜。

6月22日，东帝汶前总统若泽·玛利亚·瓦斯孔塞洛斯（Jose Marra Vasconcelos）在5月25日的选举中赢得议会

多数席位后宣誓就任总理。

11月6日，东政府部长理事会批准通过了2019年国家财政预算草案。

12月12日，东帝汶2019年国家预算以25票反对，40票赞成的多数获国民议会首轮投票通过。

2019年

1月23日，东总统否决了东2019年国家预算，并呼吁东国民议会重新审定该预算案。

2月27日，东政府部长理事会批准通过财政部提出的2019年国家预算执行草案。

参考文献

一 中文文献

(一) 中文著作

古小松主编《东南亚——历史 现状 前瞻》，世界图书出版公司，2013。

商务部国际贸易经济合作研究院、商务部对外投资和经济合作同、中国驻东帝汶大使馆经济商务处，《对外投资合作国别（地区）指南——东帝汶》，2018。

杨临宏编著《东南亚国家宪政制度》，云南大学出版社，2014。

(二) 中文期刊

雷瑞：《东南亚国家农业投资潜力与我国农业"走出去"策略》，《农村经济》2017年第4期。

李开盛、周琦：《中国与东帝汶关系的历史、现状及前景》，《东南亚纵横》2004年第2期。

刘鹏：《冷战后澳大利亚对东帝汶政策的转变：原因及其影响》，暨南大学硕士学位论文，2008。

刘新生：《平等相待 真诚友好——中国与东帝汶建立外交关系10周年回顾与展望》，《东南亚纵横》2012年第5期。

鲁虎：《东帝汶天主教会的变迁及其影响》，《世界历史》2003年第1期。

孟庆涛：《加强合作与交流，构建完善的现代教育体系——访东帝汶

国立大学副校长弗朗西斯科·米格尔·马丁斯》,《世界教育信息》2014年第22期。

牛仲君:《中国参与东帝汶维和的原因及立场分析》,《外交评论》2007年第2期。

王琛:《1975年东帝汶危机中美国对印尼的政策——基于美国解密外交档案的分析》,《东南亚研究》2017年第3期。

王文奇:《被塑造的小角色——东帝汶走向民族国家的进程(1974~2002)》,吉林大学硕士学位论文,2007。

王文奇:《被塑造的小角色——东帝汶走向民族国家的进程》,《北华大学学报》(社会科学版)2008年第3期。

温北炎:《东帝汶问题的来龙去脉》,《东南亚研究》1999年第6期。

吴梦珊、李一平:《1976年以来东帝汶的非常规死亡人口与难民》,《南洋问题研究》2009年第3期。

晓雅:《东帝汶主要政治人物》,《当代亚太》2000年第4期。

郑蔚康:《东帝汶的语言问题及其对教育的影响》,《东南亚研究》2009年第2期。

二 外文文献

ADB (Asian Development Bank), *Promoting Effective Water Management Policies and ADB*, *Economics of Fisheries and Aquaculture in the Coral Triangle*, 2014.

Amnesty International, "Timor Leste: Briefing to Security Council Members on Policing and Security in Timor-Leste", 2003.

AMSAT, "*Fish and Animal Protein Consumption and Availability in Timor-Leste*", 2011.

AMSAT, "*Regional Fisheries Livelihoods Programme, Baseline Survey*", 2011.

Anthony Fensom, "Time (and Oil) Running Out for Timor-Leste", *The Diplomat*, July 24, 2017.

Anthony L. Smith, "Constraints and Choices: East Timor as a Foreign

Policy Actor", *New Zealand Journal of Asian Studies*, Vol. 7, No. 1, 2005.

Australian Broadcasting Corporation, "East Timor Spying Case: PM Xanana Gusmao Calls for Australia to Explain Itself over ASIO Raids," *Australian Broadcasting Corporation*, December 5, 2013.

AWRF (Australian Water Research Facility), *Situation Analysis Report Timor-Leste*, 2006.

Balqis Lim, "iHEAL signs MoU to Provide better Healthcare in Timor Leste", *New Straits Times*, March 31, 2014.

Bassford, *Timor-Leste Seaweed Value Chain*, World Fish Centre, 2011.

Baticados, *Market Study of Farmer Milkfish and Tilapia in Timor-Leste*, 2014.

Bob Lowry, *National Security Policy and Structure: Police, Military and Intelligence, Beyond the Crisis in Timor-Leste*, Canberra: Australian National University Development Studies Network, 2006.

Bob Lowry, "After the 2006 Crisis: Australian Interests in Timor-Leste", Australian Strategic Policy Institute, 2007.

Carolina Larriera, "Remembering Sergio Vieira de Mello Ten Years After the Attack on the UN in Baghdad", *Huffington Post*, August 19, 2013.

CIA (Central Intelligence Agency), *The World Fact Book: Timor-Leste*, 2010.

Cynthia Burton, "Security Sector Reform: Current Issues and Future Challenges", In Damien Kingsbury and Michael Leach, *East Timor: Beyond independence*, Melbourne: Monash University Press, 2007.

Dan Oakes, "New Aid Strategy to Help East Timor", *The Age*, June 24, 2010.

Deb Net Jobs, *Short-term Irrigation Consultancy Share this Ministry of Agriculture &Fisheries (MAF.)*, 2008.

Defence Intelligence Organisation, "Defence Economic Trends in the Asia-Pacific 2016", Department of Defence, 2016.

Department of Foreign Affairs and Trade, *Australia and Indonesia's*

Incorporation of Portuguese Timor, *1974 – 76*, Melbourne University Press, April 30, 2000.

Desmond Ball, "The Defence of East Timor: A Recipe for Disaster?" *Pacifica Review*, Vol. 14, No. 3, August 2002.

Douglas Kammen, *Three Centuries of Conflict in East Timor*, NUS Press, 2015.

Edward Rees, "Under Pressure v. Forças de Defesa de Timor Leste. Three Decades of Defence Force Development in Timor Leste 1975 – 2004", Geneva Centre for the Democratic Control of Armed Forces, April 2004.

Edyvane, et al (2009), *Conservation Values, Issues and Planning in the Nino Konis Santana Marine Park*, MAF/GoTL.

Elsina Wainwright, *New Neighbour, New Challenge: Australia and the Security of East Timor*, Canberra: Australian Strategic Policy Institute, 2002.

Embassy of the United States, Dili, "U. S. Military Engagement: 2009 in Review", Embassy of the United States, Dili, 2010.

Erdmann & Mohan, *A Rapid Marine Biological Assessment of Timor-Leste*, Coral Triangle Support Partnership, 2013.

Ernst Young Global Limited.

EY. , "*Timor-Leste Investment Guide*", 2017.

FAO. , "*Mainstreaming Gender in Fisheries and Aquaculture*", Rome, 2013.

Fernando Egidio Amaral, "Prospects for Coffee Development in East Timor", ACIAR, No. 113, 2003.

Gabriel Dominguez, "Timor-Leste to Receive Two Pacific Patrol Boats in 2023", *Jane's Defence Weekly*, November 6, 2017.

GDS. , "*Population and Housing Census* 2015 (Preliminary Results)", 2015.

GDS. , "*Population and Housing Census of Timor-Leste* 2010", 2011.

GDS. , "*Timor-Leste Demographic and Health Survey*", 2011.

GDS. , "*Timor-Leste Household Income and Expenditure Survey*", 2011.

Geoffrey, Robinson, "East Timor Ten Years on: Legacies of Violence",

The Journal of Asian Studies, Vol. 70, No. 4, November 2011.

Government of East Timor., *Força 2020*, 2007.

Government of Timor-Leste, "*Timor-Leste Strategic Development Plan* 2011 - 2030", July 11, 2011.

Greg, Sheridan, "Fretilin still a Stranger to Democracy", *The Australian*, August 9, 2007.

G. A. McKee, "How Much is the Greater Sunrise Really Worth?" University of NSW, Sydney, Australia, March 26, 2005.

Ian MacKinnon, "East Timor President Recounts Assassination Attempt", *The Guardian*, March 19, 2008.

Ian Martin, *Self-Determination in East Timor*, International Peace Academy Occasional Paper Series, 2001.

International Crisis Group, "Resolving Timor-Leste's Crisis", International Crisis Group, 2006.

International Crisis Group, "Timor-Leste: Security Sector Reform", International Crisis Group, 2008.

International Crisis Group, "Timor-Leste's Parliamentary Elections", International Crisis Group, 2007.

International Crisis Group, "Timor-Leste's Veterans: An Unfinished Struggle?" International Crisis Group, 2011.

International Institute for Strategic Studies, *The Military Balance* 2013, London: IISS, 2013.

International Institute for Strategic Studies, *The Military Balance* 2016, United Kingdon: Routledge, 2016.

International Monetary Fund, Asia and Pacific Dept., "Republic of Timor-Leste: 2016 Article IV Consultation-Press Release; Staff Report; and Statement by the Executive Director for Timor-Leste", IMF Country Report No. 16/183, June 2016.

International Security Sector Advisory Team, "Timor-Leste SSR

Background Note", DCAF Rees, October 27, 2016.

International Security Sector Advisory Team, "Timor-Leste SSR Background Note", DCAF, 27 October, 2016.

Irena Cristalis, *East Timor: A Nation's Bitter Dawn*, Zed Books, 2009

James Cotton, *East Timor, Australia and Regional Order: Intervention and Its Aftermath in Southeast Asia*, Routledge Curzon, 2004.

James Dobbins, et al., *Overcoming Obstacles to Peace: Local Factors in Nation-Buildi*, Santa Monica, California: Rand Corporation, 2013.

Japan International Cooperation Agency (JICA), *JICA Timor-Leste Information Sheet*, 2008.

Jean Gelman Taylor, *Indonesia: Peoples and Histories*, Yale University Press, 2003.

John Conroy, "Timor-Leste Access to Finance for Investment and Working Capital", 2007.

John Fishel, Andrés Sáenz, "Lessons Learned from Haiti: Capacity-Building for Peacekeeping", *Center for Hemispheric Defense Studies*, Washington, D. C. National Defense University Press, 2007.

Jon Pedersen and Marie Arneberg, *Social and Economic Conditions in East Timor*, International Conflict Resolution Program School of International and Public Affairs, Columbia University, New York, USA, 2000.

Kyodo News International, "Japan-funded E. Timor Irrigation Project Ends First Phrase", 2001.

La'o Hamutuk, "How much Money have International Donors Spent on and in Timor‐Leste?" September 2009.

La'o Hamutuk, "Timor-Leste Institute for Development Monitoring and Analysis", 2010.

La'o Hamutuk, "Transformation of FALINTIL into F-FDTL", *The La'o Hamutuk Bulletin*, April 2005.

Leonard, "Aquaculture Assessment Debriefing", USAID, 2016.

Lindsay Murdoch, "Timorese tweak Canberra with Patrol Boat Buys", *The Sydney Morning Herald*, November 15, 2010.

Loro Horta, "Relations with a new Nation, How far South East is New Delhi Prepared to Go?" *East Timor and Indonesia Action Network*, Pragati-The Indian National Interest Review, No 7, October, 2007.

Loro Horta, "Young and Wild. Timor Leste's Troubled Military", Institute of Defence and Strategic Studies, Nanyang Technological University, 2006.

Luck Hunt, "East Timor Hopes for ASEAN Membership by 2017: Admission into the Regional Grouping Finally Looks within Reach for the Country", *The Diplomat*, May 27, 2016.

Maria, Patrikainen, et al., *Jane's Sentinel Country Risk Assessments*: Southeast Asia Issue Twenty-nine – 2011, Coulsdon: IHS Jane's, 2011.

Mark Dodd, "Timor Military Blueprint Unrealistic: Downer", *The Australian*, August 6, 2007.

Mark Sedra, et al., "Security Sector Reform Monitor: Timor-Leste No. 1," Centre for International Governance Innovation, 2010.

Mark Sedra, et al. "Security Sector Reform Monitor: Timor-Leste No. 2", Centre for International Governance Innovation, 2010.

MED, *The National Biodiversity Strategy and Action Plan for Timor-Leste*, GoTL, 2011.

Minister of Finance, RDTL.

Ministry of Finance of Timor-Leste, General Directorate of Statistic, "Timor-Leste National Accounts 2010 – 2015", December 2016.

Mrityunjoy Mazumdar, "East Timor Commissions ex-South Korean Patrol Craft," *Jane's Navy International*, October 4, 2011.

NDFA, *Analysis of the Current Situation and Potential for Aquaculture Development in Timor-Leste*, MAF, 2012.

NDFA, *Fish and Animal Protein Consumption and Availability in Timor-Leste*,

MAF, 2011.

NDFA, *National Aquaculture Development Strategy 2012 - 2030*, MAF, 2013.

Nitin Pai, "Nitin Pai: For an Indian Touch in Timor-Leste," *Business Standard India*, January 20, 2013.

Norwegian Energy and Water Resources Directorate (NVE), *Iralalaro Hydropower Project Environmental Assessment*, 2004.

Pinto et al., *Economic Contributions and Trends of SCUBA Diving in Timor-Leste*, Conservation International, 2014.

Pinto, *A Preliminary Checklist of Coral Reef Fish Species Found in the Oé-Cusse Enclave*, ZEESM, 2015.

Pinto, *How Healthy are Our Stocks? An Analysis of Oé-Cusse Fish Biomass Data*, ZEESM, 2015.

Practices-Report on Water Resources and Environmental Specialist, Phase I, Mission to East Timor, 2002.

República Democrática De Timor-Leste, Ministry of Agriculture, Forestry and Fisheries, "Policy and Strategic Framework", September 15, 2004.

República Democrática de Timor-Leste, "State Budget 2017 - Book 1 Budget Overview", November 23, 2016.

República Democrática de Timor-Leste, "Timor-Leste Strategic Development Plan 2011 - 2030", July 2017.

República Democrática de Timor-Leste, "State Budget 2015 Budget Overview Book 1", Government of Timor Leste, 2015.

Ribeiro Viotti, Maria Luiza, "The Situation in East Timor", *UN Security Council Statements*, The United Nations, November 4, 2014.

Ribeiro Viotti, Maria Luiza, "The Situation in Timor-Leste", *United Nations Permanent Missions*, August 28, 2008.

Richard Leaver, "Introduction: Australia, East Timor and Indonesia", *The Pacific Review*, 2001.

Rod McGuirk, "East Timorese President Prefers Fake Gucci' Warships from China to Western Military Hardware", *The Canadian Press*, June 23, 2010.

Sara, Schonhardt, "Former Army Chief Elected President in East Timor", *The New York Times*, 19 April 2012.

Scorched Earth, *Far Eastern Economic Review*, John McBeth and Dan Murphy, September 16, 1999.

Stephen Saunders, (editor), *Jane's Fighting Ships*, Vol. 114, 2011–2012. Coulsdon, UK: IHS Global, 2010.

The Centre for Defence Studies, King's College, London, *Independent Study on Security Force Options and Security Sector Reform for East Timor*, London, 2002.

The International Institute for Strategic Studies, "Turmoil in Timor Leste", *Strategic Comments*, Vol. 12, No. 5, 2006.

Timor Institute for Development Studies "Challenges for Business in East Timor, A firm Level Analysis of the Furniture Industry", 2004.

Tom Fawthrop & Paul Harris, "East Timor Prepares for Post-independence Security Threats", *Janes Intelligence Review*, October 2001.

UNDP (United Nations Development Programme), *Irrigation Rehabilitation*, New York, 2000.

United Nations Independent Special Commission of Inquiry for Timor-Leste, "Report of the United Nations Independent Special Commission of Inquiry for Timor-Leste", United Nations High Commissioner for Human Rights, 2007.

United Nations Integrated Mission in Timor-Leste (UNMIT) (2006), "Report of the Secretary-General, S/2006/628, August 8, 2006, Covering Major Developments since the 20 April Report and Presenting Recommendations on the Future UN Role in Timor-Leste", Retrieved August 12, 2007.

United Nations Integrated Mission in Timor-Leste (UNMIT), "Report of the Secretary-General on the United Nations Integrated Mission in Timor-Leste (for the period from 24 September 2009 to 20 January 2010)", United Nations, 2010.

United Nations Integrated Mission in Timor-Leste (UNMIT), "Report of the Secretary-General on the United Nations Integrated Mission in Timor-Leste (for the period from 8 January to 8 July 2008)", 2008.

United Nations Integrated Mission in Timor-Leste (UNMIT), "Report on Human Rights Developments in Timor-Leste August 2006 – August 2007", 2007.

United Nations Integrated Mission in Timor-Leste (UNMIT), "Report of the Secretary-General on the United Nations Integrated Mission in Timor-Leste (Covering the period from 9 July 2008 to 20 January 2009)", 2009.

United Nations Integrated Mission in Timor-Leste (UNMIT), "Report of the Secretary-General on the United Nations Integrated Mission in Timor-Leste (for the period covering 21 January to 23 September 2009)", United Nations, 2009.

United Nations, "UN Commission of Inquiry Issues Report on Violent Crisis that Shook Timor-Leste", October 17, 2006.

United States Bureau of Democracy, Human Rights and Labor, *International Religious Freedom Report 2007: Timor Leste*, September 14, 2007.

UNMIT, "Governance of the Democratic Republic of Timor Leste: Accountability Mechanism of Key Institutions, Second Edition", 2011.

USAID, "East Timor: Aquaculture Feasibility Study", LEO Report, June 2016.

U. S. Department of State, "U. S. Relations With Timor-Leste", July 3, 2012.

Water Aid Australia, *Access to Safe Water for the People of Timor-Leste*, 2010.

Wilkinson, *Mud Crab Value Chain Analysis*, ACDI/VOCA, 2011.

World Bank, "Expanding Timor-Leste's Near-Term Non-Oil Exports",

August 2010.

World Economic Forum，"NRI Overall Ranking 2014"，2014.

三　重要网站

BBC 新闻网：http：//www.bbc.com/
Knoema 世界数据库：https：//knoema.com/
La'o Hamutuk 东帝汶非政府组织：http：//www.laohamutuk.org/
Mongabay 新闻网：https：//news.mongabay.com/
澳大利亚国际农业研究中心：https：//www.aciar.gov.au/
澳大利亚政府外事部门：https：//dfat.gov.au/
采掘业透明度倡议：https：//eiti.org/
东帝汶财政部：https：//www.mof.gov.tl/
东帝汶电信局：http：//www.timortelecom.tl/
东帝汶发展监测分析研究所：http：//www.laohamutuk.org/
东帝汶国防部：http：//idn.tl/
东帝汶国家行政部：http：//www.estatal.gov.tl/
东帝汶农林渔业部门：http：//gov.east-timor.org/
东帝汶数据统计局：http：//www.statistics.gov.tl/
东帝汶司法部：http：//www.mj.gov.tl/
东帝汶移民局：http：//www.migracao.gov.tl/
东帝汶预算透明度门户网：http：//www.budgettransparency.gov.tl/
东帝汶援助透明度门户网：https：//aidtransparency.gov.tl/portal/
东帝汶政府：http：//timor-leste.gov.tl/
东帝汶政府门户网：http：//www.governmentresults.gov.tl/
东帝汶驻美大使馆：http：//www.timorlesteembassy.org/
法国科法斯集团：https：//www.coface.com/
国际货币基金组织：https：//www.imf.org/
国际清算银行：https：//www.bis.org/
劳特鲁斯研究所：https：//nautilus.org/

联合国粮食与农业组织：http：//www.fao.org/

联合国世界旅游组织：http：//media.unwto.org/

联合国综合区域信息网：http：//www.irinnews.org/

伦敦国王学院国防研究中心：https：//www.kcl.ac.uk/sspp/departments/warstudies/research/

美国传统基金会：https：//www.heritage.org/

美国国际开发署：https：//www.usaid.gov/

美国国务院：https：//www.state.gov/

美国经济复杂性观察组织：https：//atlas.media.mit.edu/

美国中央情报局：https：//www.cia.gov/

全球安全组织：https：//www.globalsecurity.org/

日本外务省：https：//www.mofa.go.jp/

世界经济论坛：https：//www.weforum.org/

世界银行：https：//data.wordbank.org.cn/

世界指标统计官网：https：//www.indexmundi.com/

新加坡拉惹勒南国际关系学院：https：//www.rsis.edu.sg/

印度外交部：https：//www.mea.gov.in/

中国驻东帝汶大使馆：http：//tl.chineseembassy.org/

中华人民共和国外交部：https：//www.fmprc.gov.cn/

# 索　引

A

阿陶罗岛　1，3，6，67，87~89
阿伊纳罗省　3，4，50，51，56
埃德特语　6
埃尔梅拉省　3，4，50，51，56
澳新银行　62，63

B

巴利博旗府　12，13
包考省　3，4，50，56
贝洛大主教　23，24
伯凯斯语　7
博博纳罗省　3，4，50，51
布拉克语　6

D

达瓦语　7，8
德顿语　5~7，9，23，38，39，63，70，93，110
抵抗博物馆　12，13
帝力　2，3，5，6，10~13，17，20，22，23，56，61，64，65，67~69，81，89，95，101，102，106，107，109，110，119，124，129~131，135~138，143，154，156，161~164，166，167，169~173
帝汶岛　1~4，6，13，15~18，41，64，129，144，150，154，155，161
帝汶抵抗运动全国民主联盟　38
帝汶海　1，3，4，44，45，55，145，148，149
帝汶航空　67，162
帝汶人民民主协会　18
《帝汶海特定海上安排条约》　45，149，170，172
《帝汶海条约》　148
《帝汶缺口条约》　41，166，168
《帝汶邮报》　110
东帝汶电视台　70，110
东帝汶独立革命阵线　8，10，18，21，22，29，31，37，155，162~165，167，

187

169，172

东帝汶国防军　93~97，99，100~104，157，169

东帝汶国家电台　110

东帝汶国家石油公司　60

东帝汶民族解放军　13，22，70，93，110

《2011~2030年国家发展战略规划》　44，47，52，54，56，60，67，77，98，171

《东帝汶之声》　110

东帝汶民族解放军电台　70，110

东帝汶石油基金　44，45，60，90

东帝汶网络咖啡馆　119

东帝汶小额信贷机构协会　63

东帝汶信托基金　90

独立恢复日　11

F

法塔卢克语　6，8，70

费尔兰多·德·阿劳霍　31

弗朗西斯科·古特雷斯·卢奥洛　31

G

国家青年节　10，11

国家宪法　5

国家英雄日　11

H

和平节　11，130

荷属帝汶　17

J

《军队2020文件》　96，101，102

加洛勒语　6，8

K

卡瓦米纳语　6

康菲石油公司　41，75，142

科玛克语　6，8

科瓦利马省　3，4，50

L

拉科竹　53

拉美劳山　1，2

拉莫斯·奥尔塔　20，22，29，96，130，143，144，148，150，152，153，157

劳滕省　3，4，56

利基卡省　3，51

联合国东帝汶办事处　20

联合国东帝汶过渡行政当局　19，20，22，41，93

联合国东帝汶支助团 20，170
联合国驻东帝汶特派团 19，20
联合国综合特派团 20，171

M

马卡莱洛语 6
马凯赛语 6，7
马库瓦语 7
马来甜龙竹 53
马里·阿尔卡蒂里 10，20，95，145，151，153，156，170
马纳图托省 3，4
马努法伊省 3，4，50，51
满者伯夷王国 15，16
曼拜语 6，7
民主党 31，37，38
名义有效汇率 82

N

努沙登加拉群岛 1

O

欧库西省 3，50

P

潘查希拉 10

葡萄牙储蓄总社 62，63
葡属帝汶 17，18，22

Q

切加展览 12

S

赛德石油公司 41
社会民主党 38，39
圣克鲁斯大屠杀纪念碑 12，13
圣克鲁斯公墓 12，13
实际有效汇率 82
室利佛逝王国 15
《石油法》 45，87
《私有投资法》 45，87

T

托克德德语 6，8，70

W

韦塔语 6
维和部队 90，93～95，141，147，151，154，155，168
维克克省 3，4，56
维森特·古特雷斯 31

X

夏纳纳·古斯芒 20，21，23，29，68，95，104，139，140，142~144，150，151，155，156，159，164，172，173

Y

雅库岛 1
岩石艺术洞穴 12，13
印尼曼迪利银行 63
《预算财务管理法》 80

后 记

学术如人生，心随所缘，行尽所能！

2017年中国南亚学会年会在山东大学青岛校区举行。参会期间有幸应邀参与社会科学文献出版社有关《列国志》图书编撰工作。在具体的国别选择时，我毫不犹豫地选择了一个独立不久的葡语国家东帝汶。其实，东帝汶是个小国，面积仅有15007平方千米，人口约135.3万（2019年人口普查数据），但从地理位置来看，东帝汶位于亚洲与大洋洲之间、太平洋与印度洋之间、第一岛链与西太平洋之间的过渡地带，也是前出世界第一大海湾环孟加拉湾的重要通道，可见其地缘价值十分重要。

决定选择编写列国志《东帝汶》一书是基于本人的人生经历和学以致用的学术理念，即将陆权研究经验与更有时代挑战的海权研究交叉融合，不仅是学者应当思考的学术问题，而且也是作为学者的使命担当。过去三十年，我主要在四川大学依托南亚和东南亚国家从事陆权研究。自2013年"一带一路"倡议提出后，有幸随中宣部、中联部和军事科学院等参加多次国际学术交流活动，包括"一带一路"国际合作高峰论坛、"金砖国家"治国理政研讨会、亚洲文明对话大会和香山论坛等。2015年，我应邀在环孟加拉湾的重要国家缅甸的仰光大学国际关系系为缅甸学生开设了"'一带一路'倡议与中国周边外交"课程，成为第一位在该系开设国际关系专业课程的中国学者。随后又陆续应邀前往环孟加拉湾的重要国家斯里兰卡和新加坡参加"一带一路"倡议与国际海洋治理合作的学术会议。这些经历使我深深地感觉到，

中国发展战略在新时代的调整方向，更加要求学者既要有陆权思维，也要有海权思维，2015~2019年这段时间我都在思考这个问题，陆续申报并成功立项与海权研究相关的两项国家社科基金项目（2015年国家社科基金一般项目"构建印度洋出海大通道战略支点视角下中缅中巴能源通道研究"和2017年国家社科基金重大项目"环孟加拉湾沿岸国家安全格局对我实施'一带一路'战略的影响研究"）。2019年中共中央国务院两个"18"号文件的印发，即2019年2月18日的《粤港澳大湾区发展规划纲要》和2019年8月18日的《中共中央国务院关于支持深圳建设中国特色社会主义先行示范区的意见》。随即在9月便决定南下深圳大学考察，想将自己的研究和教学的依托阵地从四川内陆转向粤港澳大湾区的深圳沿海，并如愿在2019年12月26日正式加盟深圳大学。从2019年起，深圳加强了全球海洋中心城市的建设，这是以习近平主席海洋强国建设思想为指导的最新设想，也是深圳充分发挥创新之都的优势所在，是大力推动海洋科技创新发展的必然选择。我及团队的研究和教学领域也是基于这样的国家发展战略进行必要的转变。2021年4月15日，应澳门城市大学协理副校长、葡语国家研究院院长叶桂平教授邀请，又有幸到澳门城市大学葡语国家研究院和澳门"一带一路"研究中心进行学术交流并探讨双方学科建设和人才培养合作，双方希望在中国海外利益问题的研究与教学方面进行紧密合作，为澳门特别行政区、深圳市以及粤港澳大湾区培养更多具有国际背景的专业人才。

  本书是集体智慧的结晶。全书由戴永红负责总体策划和最后的统稿，各章具体分工如下：第一章张婷；第二章张婷；第三章赵思睿、张婷；第四章戴永红、张婷；第五章戴永红、张婷；第六章张婷、赵思睿；第七章王琛、王彦宏。在此，对各位作者的辛勤劳动深表谢意！

  在本书付梓之际，我们深感东帝汶国虽小，但还有许多理论与实践问题需要探索，受资料和作者水平的限制，本书不妥之处在所难免，诚望各位读者不吝指教，在此要特别感谢社会科学文献出版社的编辑李明伟老师的辛勤付出和专业精神，并谨向支持、关心和帮助本书撰写出版的各界人士表示衷心的感谢！

戴永红

深圳大学中国海外利益研究院 特聘教授

深圳大学环孟加拉湾地区研究所所长

2021 年 7 月 7 日小暑

新版《列国志》总书目

亚洲

阿富汗
阿拉伯联合酋长国
阿曼
阿塞拜疆
巴基斯坦
巴勒斯坦
巴林
不丹
朝鲜
东帝汶
菲律宾
格鲁吉亚
哈萨克斯坦
韩国
吉尔吉斯斯坦
柬埔寨
卡塔尔
科威特
老挝
黎巴嫩
马尔代夫
马来西亚
蒙古国
孟加拉国
缅甸
尼泊尔
日本
沙特阿拉伯
斯里兰卡
塔吉克斯坦
泰国
土耳其
土库曼斯坦
文莱
乌兹别克斯坦
新加坡
叙利亚
亚美尼亚
也门
伊拉克
伊朗
以色列
印度
印度尼西亚
约旦
越南

新版《列国志》总书目

非洲

阿尔及利亚
埃及
埃塞俄比亚
安哥拉
贝宁
博茨瓦纳
布基纳法索
布隆迪
赤道几内亚
多哥
厄立特里亚
佛得角
冈比亚
刚果
刚果民主共和国
吉布提
几内亚
几内亚比绍
加纳
加蓬
津巴布韦
喀麦隆
科摩罗
科特迪瓦
肯尼亚
莱索托
利比里亚
利比亚
卢旺达

马达加斯加
马拉维
马里
毛里求斯
毛里塔尼亚
摩洛哥
莫桑比克
纳米比亚
南非
南苏丹
尼日尔
尼日利亚
塞拉利昂
塞内加尔
塞舌尔
圣多美和普林西比
斯威士兰
苏丹
索马里
坦桑尼亚
突尼斯
乌干达
赞比亚
乍得
中非

欧洲

阿尔巴尼亚
爱尔兰
爱沙尼亚
安道尔

195

东帝汶

奥地利	斯洛伐克
白俄罗斯	斯洛文尼亚
保加利亚	乌克兰
北马其顿	西班牙
比利时	希腊
冰岛	匈牙利
波斯尼亚和黑塞哥维那	意大利
波兰	英国
丹麦	
德国	**美洲**
俄罗斯	阿根廷
法国	安提瓜和巴布达
梵蒂冈	巴巴多斯
芬兰	巴哈马
荷兰	巴拉圭
黑山	巴拿马
捷克	秘鲁
克罗地亚	巴西
拉脱维亚	玻利维亚
立陶宛	伯利兹
列支敦士登	多米尼加
卢森堡	多米尼克
罗马尼亚	厄瓜多尔
马耳他	哥伦比亚
摩尔多瓦	哥斯达黎加
摩纳哥	格林纳达
挪威	古巴
葡萄牙	圭亚那
瑞典	海地
瑞士	洪都拉斯
塞尔维亚	加拿大
塞浦路斯	美国
圣马力诺	墨西哥

新版《列国志》总书目

尼加拉瓜
萨尔瓦多
圣基茨和尼维斯
圣卢西亚
圣文森特和格林纳丁斯
苏里南
特立尼达和多巴哥
危地马拉
委内瑞拉
乌拉圭
牙买加
智利

大洋洲

澳大利亚

巴布亚新几内亚
斐济
基里巴斯
库克群岛
马绍尔群岛
密克罗尼西亚
瑙鲁
纽埃
帕劳
萨摩亚
所罗门群岛
汤加
图瓦卢
瓦努阿图
新西兰

国别区域与全球治理数据平台

www.crggcn.com

"国别区域与全球治理数据平台"（Countries, Regions and Global Governance, CRGG）是社会科学文献出版社重点打造的学术型数字产品，对接国别区域这一重点新兴学科，围绕国别研究、区域研究、国际组织、全球智库等领域，全方位整合基础信息、一手资料、科研成果，文献量达30余万篇。该产品已建设成为国别区域与全球治理数据资源与研究成果整合发布平台，可提供包括资源获取、科研技术服务、成果发布与传播等在内的多层次、全方位的学术服务。

从国别区域和全球治理研究角度出发，"国别区域与全球治理数据平台"下设国别研究数据库、区域研究数据库、国际组织数据库、全球智库数据库、学术专题数据库和学术资讯数据库6大数据库。在资源类型方面，除专题图书、智库报告和学术论文外，平台还包括数据图表、档案文件和学术资讯。在文献检索方面，平台支持全文检索、高级检索，并可按照相关度和出版时间进行排序。

"国别区域与全球治理数据平台"应用广泛。针对高校及国别区域科研机构，平台可提供专业的知识服务，通过丰富的研究参考资料和学术服务推动国别区域研究的学科建设与发展，提升智库学术科研及政策建言能力；针对政府及外事机构，平台可提供资政参考，为相关国际事务决策提供理论依据与资讯支持，切实服务国家对外战略。

数据库体验卡服务指南

※100元数据库体验卡，可在"国别区域与全球治理数据平台"充值和使用

充值卡使用说明：
第1步 刮开附赠充值卡的涂层；
第2步 登录国别区域与全球治理数据平台（www.crggcn.com），注册账号；
第3步 登录并进入"会员中心"→"在线充值"→"充值卡充值"，充值成功后即可使用。

声明

最终解释权归社会科学文献出版社所有

客服QQ：671079496
客服邮箱：crgg@ssap.cn

欢迎登录社会科学文献出版社官网（www.ssap.com.cn）和国别区域与全球治理数据平台（www.crggcn.com）了解更多信息

卡号：614593916661

图书在版编目(CIP)数据

东帝汶 / 戴永红,张婷,赵思睿编著. -- 北京:
社会科学文献出版社,2021.8
　(列国志:新版)
　ISBN 978-7-5201-8796-1

　Ⅰ.①东… Ⅱ.①戴… ②张… ③赵… Ⅲ.①东帝汶
-概况 Ⅳ.①K934.6

中国版本图书馆 CIP 数据核字(2021)第 156638 号

·列国志(新版)·
东帝汶(Timor-Leste)

编　　著 / 戴永红　张　婷　赵思睿

出 版 人 / 王利民
责任编辑 / 李明伟　邓　翃
责任印制 / 王京美

出　　版 / 社会科学文献出版社·国别区域分社(010)59367078
　　　　　 地址:北京市北三环中路甲29号院华龙大厦　邮编:100029
　　　　　 网址:www.ssap.com.cn
发　　行 / 市场营销中心(010)59367081　59367083
印　　装 / 三河市尚艺印装有限公司

规　　格 / 开　本:787mm×1092mm　1/16
　　　　　 印　张:14　插　页:0.5　字　数:206千字
版　　次 / 2021年8月第1版　2021年8月第1次印刷
书　　号 / ISBN 978-7-5201-8796-1
定　　价 / 89.00元

本书如有印装质量问题,请与读者服务中心(010-59367028)联系

版权所有 翻印必究